优秀小学生最爱挑战的思维游戏

siwei youxi

王俊江
主编

黑龙江教育出版社

图书在版编目（CIP）数据

优秀小学生最爱挑战的思维游戏 / 王俊江主编 .—哈尔滨：黑龙江教育出版社，2012.9
ISBN 978-7-5316-6715-5

Ⅰ.①优… Ⅱ.①王… Ⅲ.①智力游戏－少儿读物
Ⅳ.①G898.2

中国版本图书馆 CIP 数据核字（2012）第 215025 号

优秀小学生最爱挑战的思维游戏
YOUXIU XIAOXUESHENG ZUIAI TIAOZHANDE SIWEI YOUXI

作　　者	王俊江
责任编辑	宋舒白
封面设计	噜咔童书
责任校对	石　英
出版发行	黑龙江教育出版社
印　　刷	三河市灵山装订厂
开　　本	710×1000　1/16
印　　张	13
字　　数	187 千
版　　次	2012 年 11 月第 1 版　2012 年 11 月第 1 次印刷
书　　号	ISBN 978-7-5316-6715-5
定　　价	28.80 元

Preface 前言

我们知道，人类的思维中蕴含着巨大的力量。伟大的恩格斯也曾经说过："思维是地球上最美丽的花朵。"纵观古今中外，凡是取得了杰出成就的人，无不有着敏捷的思维能力。同时现代的一些教育家也指出：一个人是不是能够成才，主要取决于从小是否进行过有效的思维能力锻炼。那我们应该如何使孩子的思维得到有效锻炼并让它发挥巨大的作用呢？

无疑，除了在日常生活中多观察、多思考之外，提高思维能力的有效途径就是进行有效的训练。

据调查显示，在哈佛、剑桥等名校就读的学生，均在幼年时期接触过一定的思维游戏。思维游戏虽然形式简单、操作容易，但是却可以很好地锻炼孩子的思维能力，激发孩子大脑深处的潜能，对孩子的成长有很大的帮助。因此，我们特意编写了这本适合开发孩子智力的思维游戏书。

本书共分为 7 个部分，总共包括 600 个新颖有趣的思维小游戏，其中囊括了数字图形、观察辨别、创新思维、发散思维、演算思维以及逻辑推理等多种思维游戏。每个部分针对特定的思维能力都设计了形式各异的思维游戏，这些游戏不仅内容有趣，形式多样，可以很好地激发孩子的兴趣，更重要的是这些游戏中蕴含着思考的真谛，能够让孩子体验到思考的奇妙和乐趣，从而使孩子的思维能力得到开发和提高。

本书内容丰富，趣味性强，可以让孩子在游戏中锻炼出优秀的思维能力，十分有助于提高孩子的创新能力、逻辑推理能力、观察能力、判断能力、记忆能力及反应能力等，进而使孩子在游戏中领略智慧的无限魅力。

contents 目录

第1辑 丰富有趣的数字图形游戏 /1

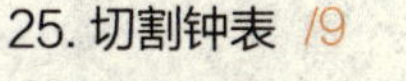

contents 目录

第2辑

contents 目录

contents 目录

contents 目录

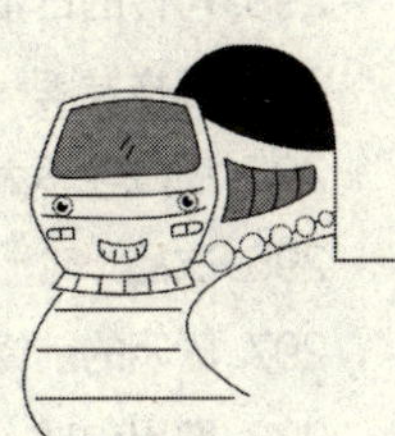

contents 目录

contents 目录

contents 目录

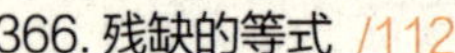

contents 目录

contents 目录

丰富有趣的数字图形游戏

数字矩阵

在下列方格中填入**2**、**3**、**4** 三个数字，使方格每一行和每一列的和都相等。

数字的妙趣

在下面的方格中填入正确的数字，使每行每列及对角线上的数字之和都是**27**。

		9		
		6		
2			7	
	6			3

不一样的图形

从下图中找出与其他图形**不同**的图形。

水果数字

下面给出了两排水果，第一排水果下面标有对应的数字，仔细观察，看看**有什么规律**，然后将**数字**遮住，你能不能马上**说出**第二排**水果代表的数字**呢？

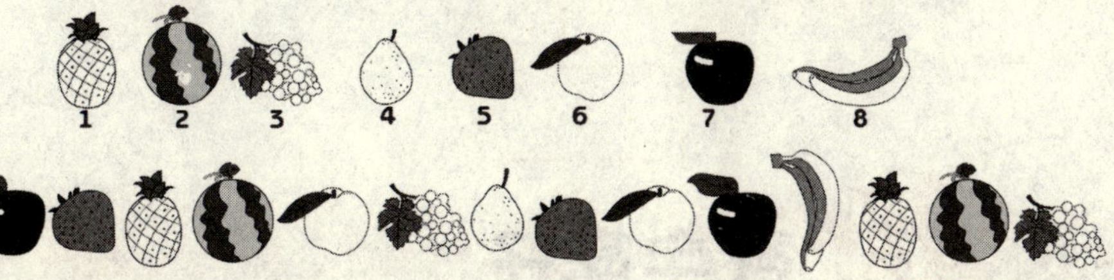

数字乐园

在表格中填入 **1–16** 内的数字，使表格中横、竖、对角线、表格中间四个数以及角上四个数之和都是 **34**，而且每个数字只能用一次。

4			13
7			

倒转梯形

23 根火柴摆成了一个梯形，梯形中有 **12** 个小三角形。请问，最少移动其中的几根火柴，可以让它倒转过来？

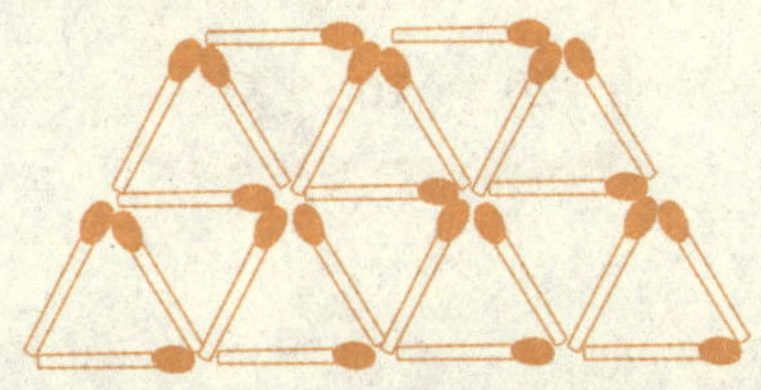

7 巧分图形

将下面图形分割成**四份**，每一份都相等，而且每一等份都是图形的**迷你版**。

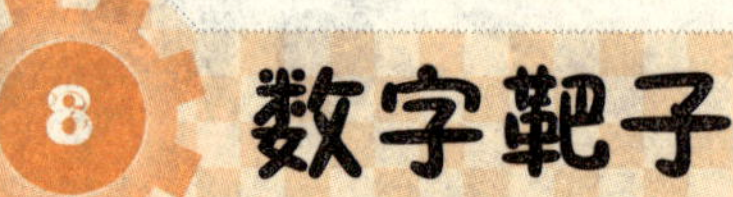

8 数字靶子

下面这只靶子已经标好了每环的得分，请问：射击手一共需要打几枪才能使总分为 **100** 分。

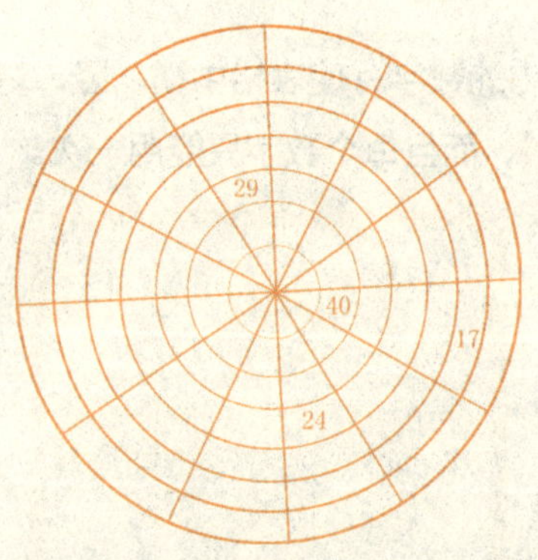

9 方格中的数字

仔细观察下面的表格，你能发现什么规律吗？猜猜 **A、B、C** 分别是多少吧！

12	21	A
B	13	19
20	16	C

10 巧妙组合数字

从下面数字中随意找出 **3** 个数字组成一个号码，但是不能从同一行或同一列同时找出两个数字。判断一下找出的哪组数字可能被 **3** 整除，然后再想一想，以这种方法选择的数字不能被 **3** 整除的可能性有多少？

4	8	6
7	2	3
1	5	9

11 减小一半的面积

12 根火柴可以摆成一个直角三角形。现在你只要移动 **4** 根火柴就能将它的面积**缩小一半**。那么，有几种方法呢？

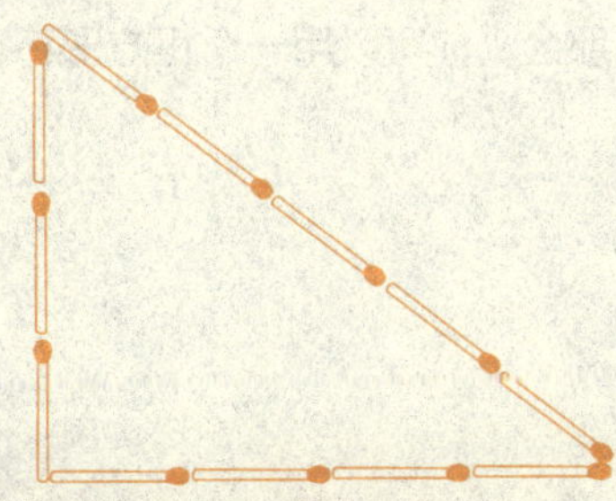

12 分月牙

月亮在月初的时候会是**月牙形**，请你用**两条直线**将下面的月牙分为 **6 部分**

13 巧切大饼

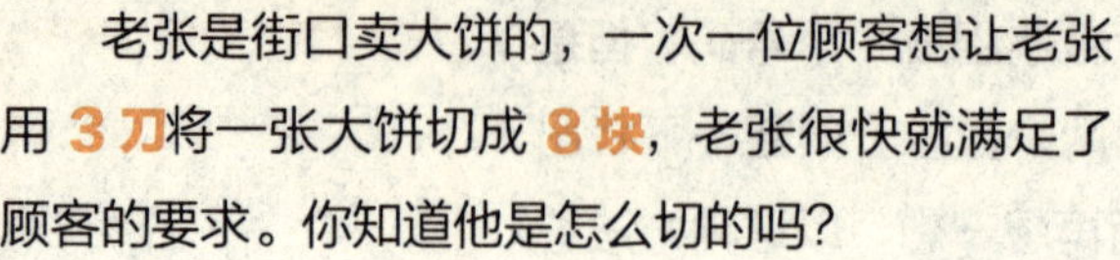

老张是街口卖大饼的，一次一位顾客想让老张用 **3 刀**将一张大饼切成 **8 块**，老张很快就满足了顾客的要求。你知道他是怎么切的吗？

14 不规则的星星

桌子上有 **4 颗**五角星，但它们放的位置很不规则。那么，你可以用一个正方形将它们连起来吗？

15 二个变三个

下面一大一小两个正方形是用 **24** 根火柴摆成的，请问：你能只移动其中 **4** 根火柴使它变成 **3** 个正方形吗？

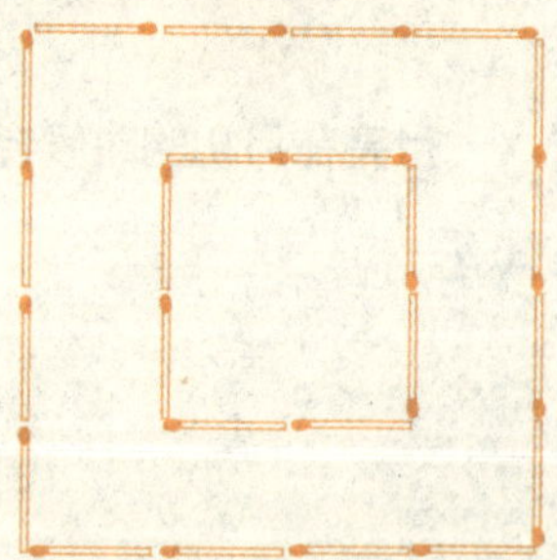

16 队列

10 个人站成 **5** 排，每 **4** 个人站成一排，该如何站呢？

17 巧分图片

将下面图中大小不一、形状不规则的 **6** 张图片分别分成形状大小都相同的两块。该如何分呢?

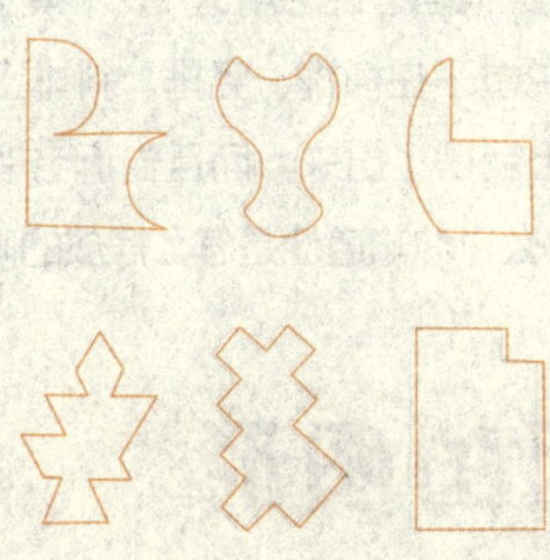

18 外部滚动的小球

有大小两个圆形，小圆的**半径**是大圆的**一半**。当小圆沿着大圆滚动时，从小圆上做记号的那个点画出一条轨迹。你知道这个轨迹是什么样子的吗?

19 相等的面积

仔细观察下图中带颜色的部分，看看哪几个面积**相等**?

A

B

C

D

20 最多的偶数行

有一位老爷爷每天拿着 **10** 个棋子在一个 16 格的棋盘上摆来摆去。一天邻居问他在做什么，他回答说想用这 **10** 个棋子摆出数目最多的偶数行，也就是说棋子在横排、竖排、斜排上的数目都是偶数。邻居听完后马上就摆了出来，而且告诉老爷爷这就是偶数行最多的摆法了。那么，你知道他是怎么摆放的吗?

21 下面的图形

仔细观察下图，请问：接下来会是什么图形?

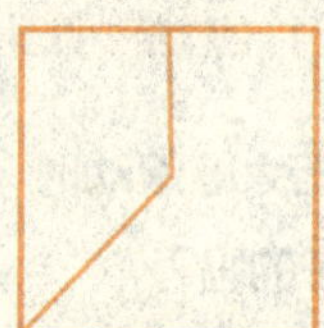

22 连接方式

如图所示，只用一笔画四根直线，就能够把**九个点**连起来。你可以吗?

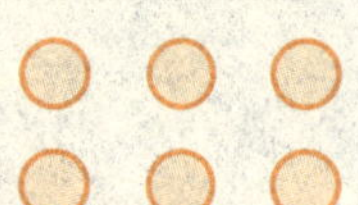

23 会变的三角形

用 **10** 个红豆摆出一个三角形，然后移动其中的三个红豆，使这个三角形倒过来。

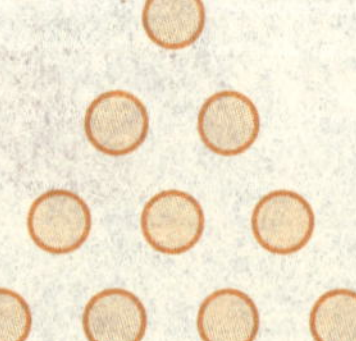

24 错误的等式

62-63=1 是错误的，请你移动一个数字使等式成立。如果只移动其中的符号，等式怎么才能成立呢？

25 切割钟表

将下面的圆形钟表分为**六部分**，每部分上的数字之和都要相等，该如何切？

26 如何种树

小斯要在院子外的一大片空地上种几棵树。其中有 **7** 棵树需要种植，但这些树需要排成 **6** 排，而且每排可以排 **3** 棵，也可以一棵树属于不同排。那么，小斯要如何种呢？

27 切割不规则图形

现在有一张如图所示的不规则纸，你能用一条线将这个图形分成**两个三角形**吗？

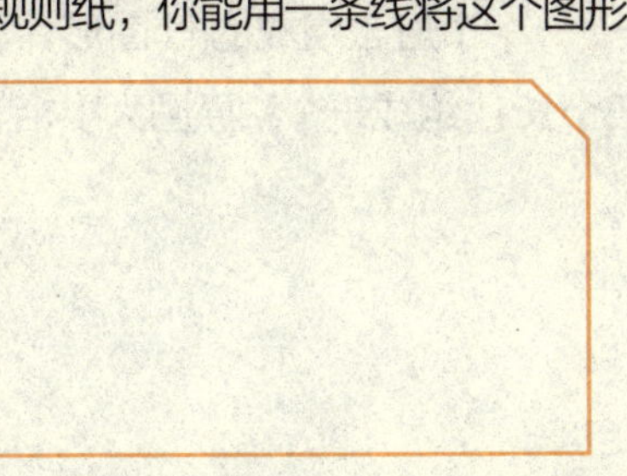

28 移动火柴

右图中的六边形是由 12 根火柴摆成的，现在请你拿掉 3 根使它变成 3 个三角形，请问：应该取走哪 3 根呢？

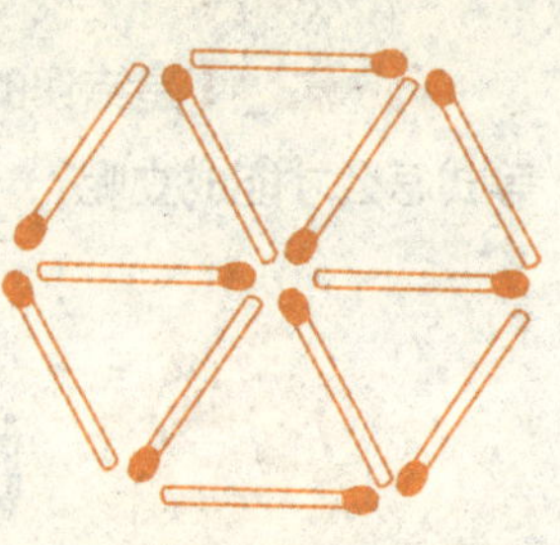

29 改变方向的房子

右图是由 11 根火柴组成的一个房子，请你移动其中一根火柴，使房子朝向另一个方向。

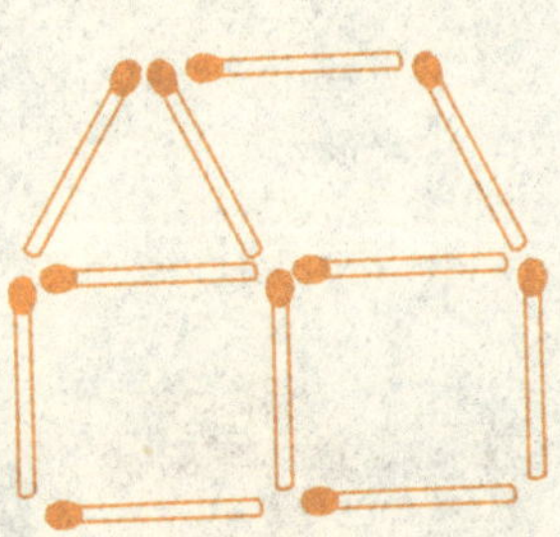

30 木墩切割

一木块为正方体，如果要把它切成 27 块，最少要切几刀？

31 L 变成 H

右图是由两个长 L、4 个短 L 组成的 H 图形，现在请你用 6 个短 L 和四个长 L 组成一个和原图大小相等的 H 图形。

32 移除三角形

下面是由 **4 根**火柴组成的一个架子，其中一个三角形在里面，现在移动 **2** 根火柴，使三角形出现在架子外面。

33 具有连续性

从下面 **A、B、C、D** 四张图中选择一张图，放到问号处，使题中的第一幅图和第二幅图具有连续性。

34 折纸游戏（一）

从 **A、B、C、D** 四个图中找出与左边图形一致的图，这个图形是由这四个图中其中一个展开形成的。

A

B

C

D

35 折纸游戏（二）

仔细观察 **A、B、C、D** 四张图，其中之一展开后会形成左边这幅图，请找出是哪一张。

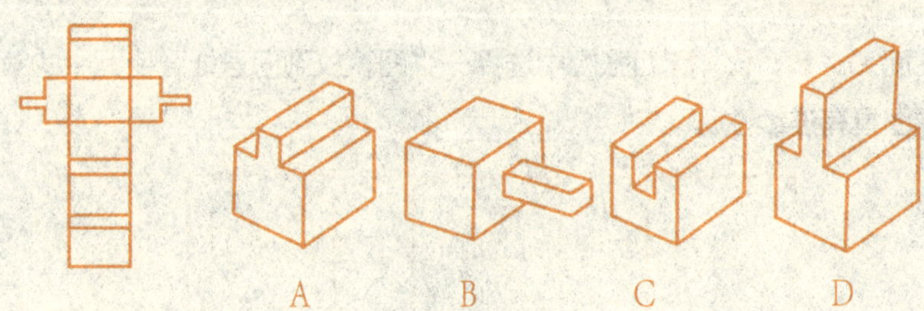

36 不一样的图形

下面给出了 **5** 个图形，其中有一个图形与其他 **4** 个不一样，请找出来。

A

B

C

D

E

37 统一的等式

下面是由一组火柴组成的算式，你能添加 **3** 根火柴，使等式的结果保持不变吗？

123-45-67+89=100

巧切豆腐

现在你手上有一块豆腐，豆腐呈正方体状，在只能切 **3 刀**的前提下，将豆腐平均分成 **8** 块。你能做到吗？

变成梯形的小船

下面是由火柴组成的小船，请移动其中的 **4** 根火柴，让它变为 **3** 个梯形吧！

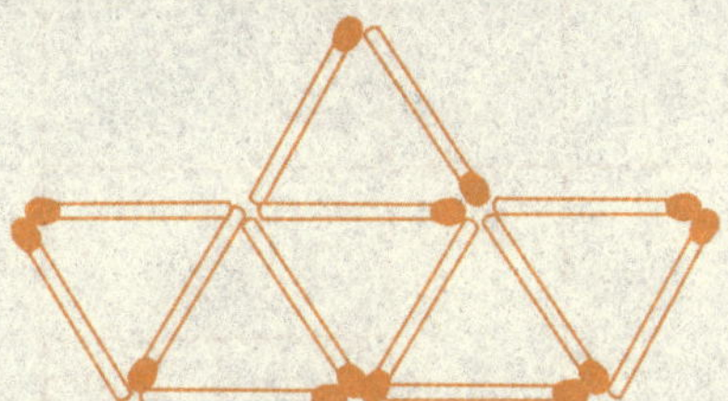

七个三角形

右图是由 **3** 根火柴摆成的一个三角形，现在请你用 **9** 根火柴摆出 **7** 个三角形吧！

四到六的变化

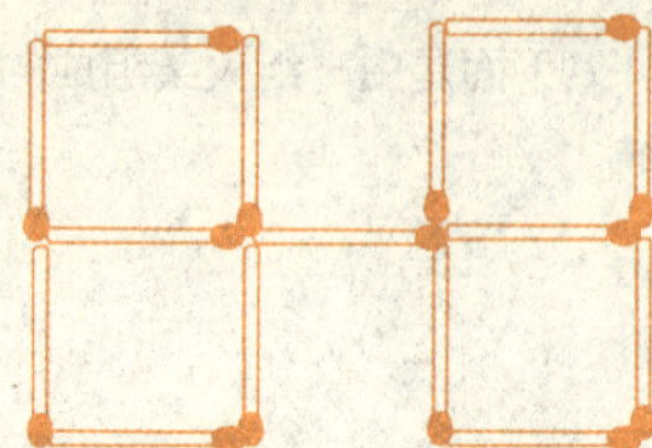

右图是由 **15** 根火柴组成的 **4** 个正方形，请移动其中 **2** 根火柴使其变成 **6** 个正方形。

切正方体

有一个正方体模型，现在让你用刀将模型切掉一部分，那么剩下的模型可能有**多少个**面组成？

正方形的个数

仔细数一数，下图中有**多少个**正方形？

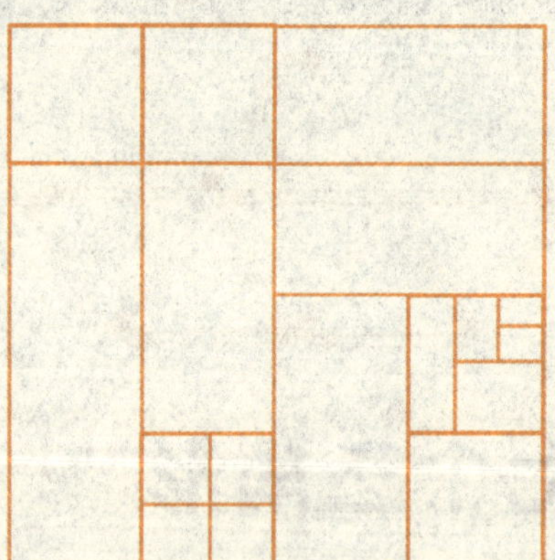

长方形的角数

一个长方形有四个角，剪掉一个角后，会剩下**几个角**？有几种可能？

45 越来越少的三角形

右图是由**12**根火柴组成的**6**个正三角形，请你在图中一次移动**2**根火柴，使它的正三角形个数变为**5、4、3、2**个（移动成的三角形不必大小一致，但是不可重叠）。

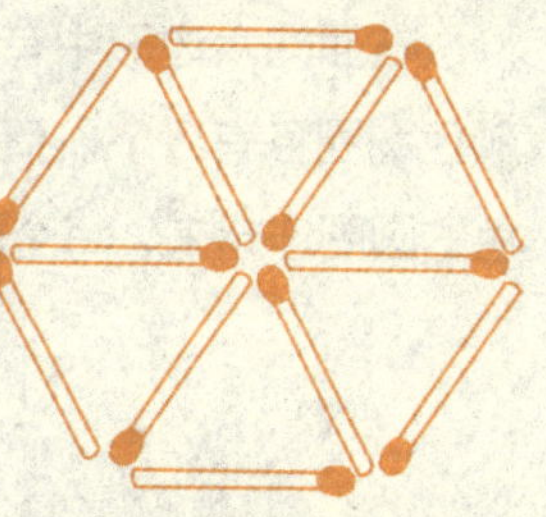

46 八个变九个

下图是由**20**根火柴构成的**5**个正方形，请你移动**8**根使它变成由**9**个正方形组成的图案。

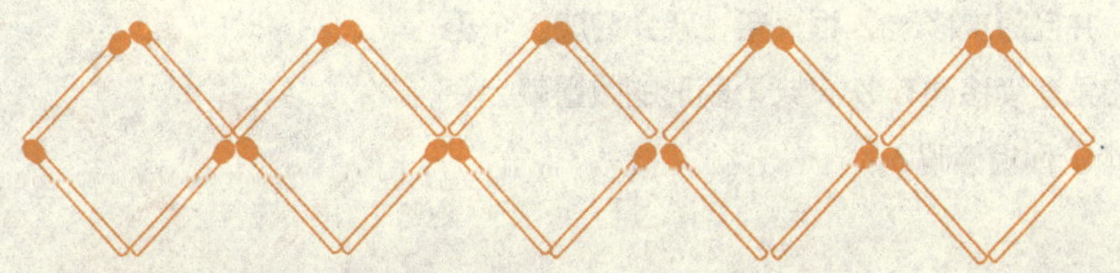

47 空缺的数字

找出图中数字的排列规律，**问号处**的数字是多少呢？

48 怎样连接圆圈

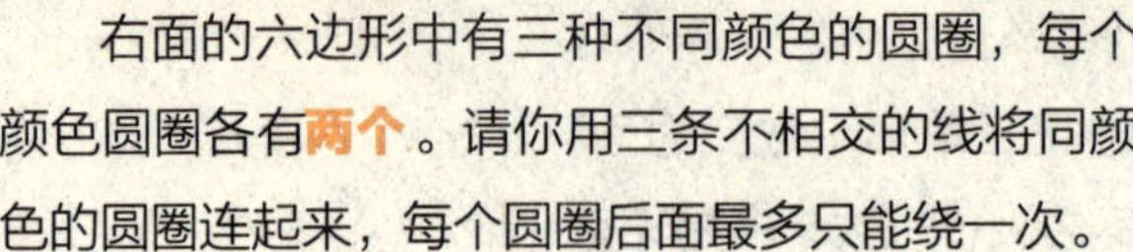

右面的六边形中有三种不同颜色的圆圈，每个颜色圆圈各有**两个**。请你用三条不相交的线将同颜色的圆圈连起来，每个圆圈后面最多只能绕一次。

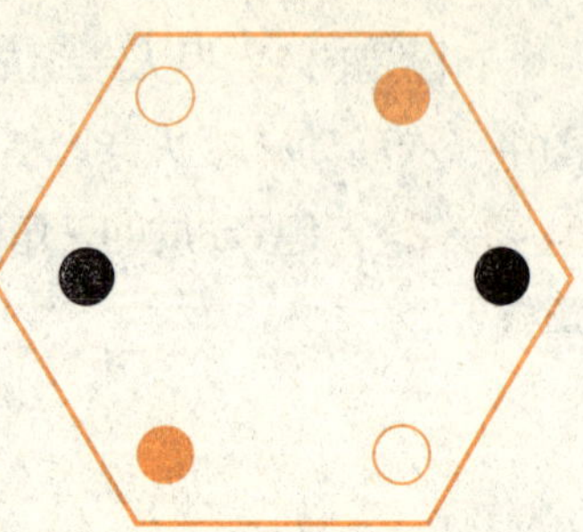

49 变多的菱形

右面 **3** 个大小不同的菱形是由 **16** 根火柴组成的，并且每次移动 **2** 根火柴，就会增加 **1** 个菱形。如果连续移动 **5** 次火柴，菱形的数量就会变成 **8** 个。你相信吗？

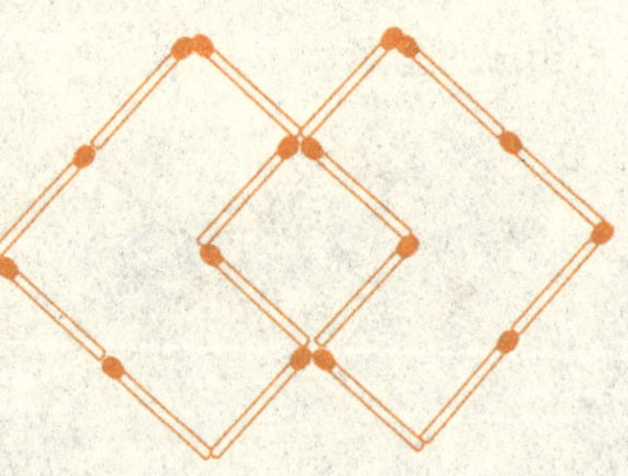

50 平分菜园

用 **7 根**火柴将下图分成形状和面积相等的 **3 块**。

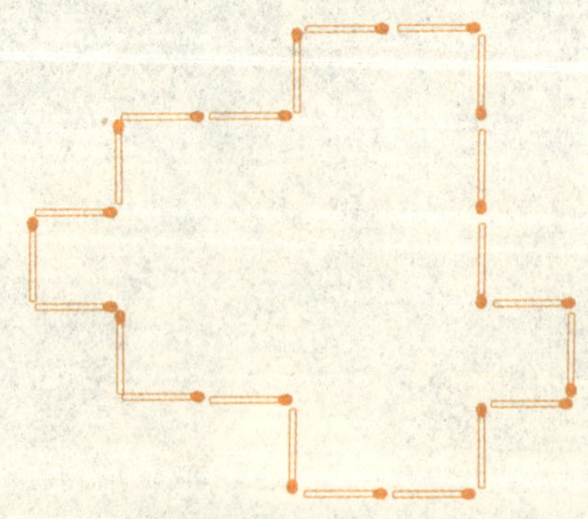

51 连出最多的正方形

将右图 **9 个**点连接起来，你能连出**多少**正方形？

52 变大的麦田

小鹿家有一个正方形的麦田，麦田的四个角上分别种着 **4** 棵老槐树。小鹿的爷爷想扩大麦田的面积，使其变为原来的 **2** 倍，但形状不变，而且不能移动老槐树的位置，你知道怎么做吗？

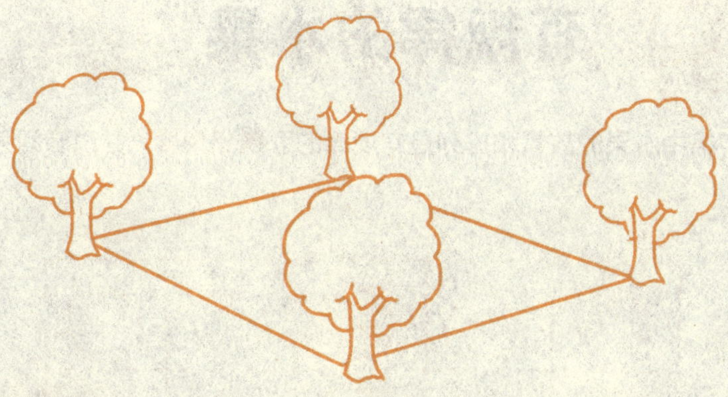

53 交叉的三个圆

在圆的空白处填入 **4-9** 之间的数字，使三个圆中的数字之和都是 **21**。

54 汉字变数字

将下图由21根火柴组成的“玉田”两字，将中的火柴移动6根，使它变成1986。

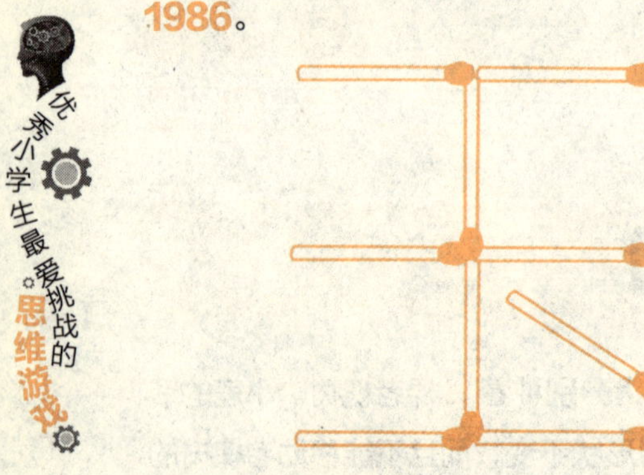

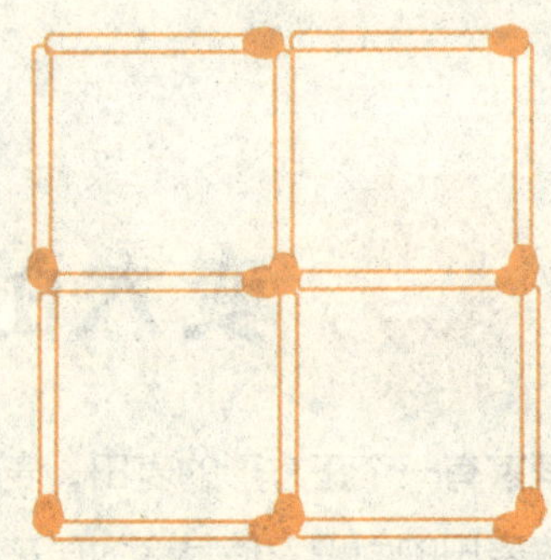

55 有规律的水果

下面表格中水果的放置和排列是有规律的。**找出规律**，并说明问号处是什么水果。

56 难折的图形

找一张纸，试着折出下面**这个形状**。注意，折的任何部分都不要发生重叠。

57 八角格

将 **1-8** 八个数字填入下面的八角格中，使相邻的两个数字之间没有直线连接。

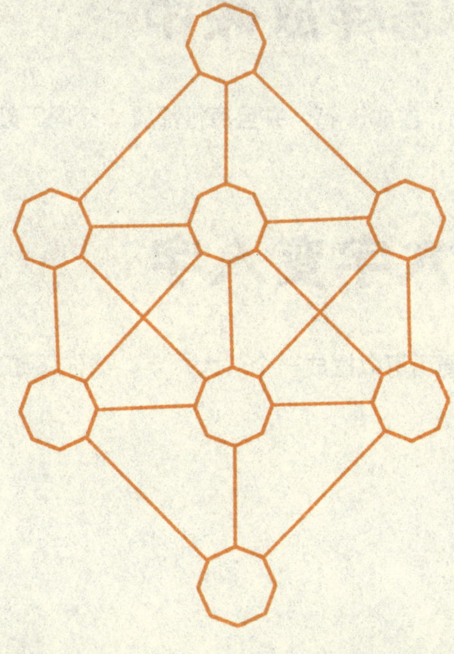

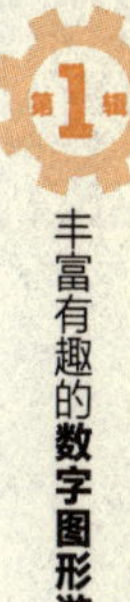

58 一笔成型的图案

用**一笔**试着画出下列图案。

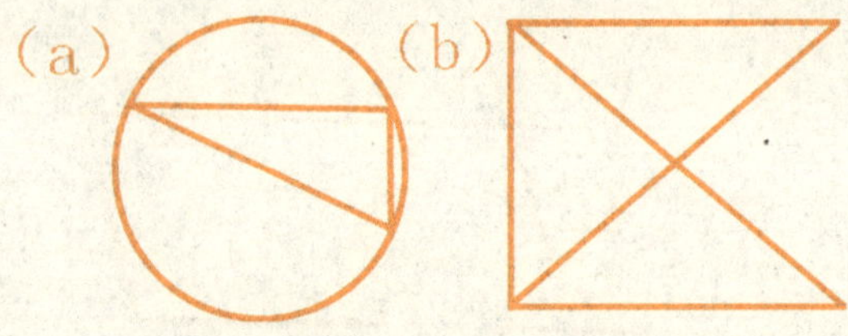

59 汉字变身

在下面的每个字上**移动一根**火柴，将它变成另外一个汉字。

60 怎样放硬币

你能用**10**个硬币，放成**5**行，并且每行都放**4**个吗？赶快来试一试吧！

61 大字变人字

如图所示，**9**枚硬币可以摆成一个“大”字，请你移动**2**枚硬币，使它变成“人”字。

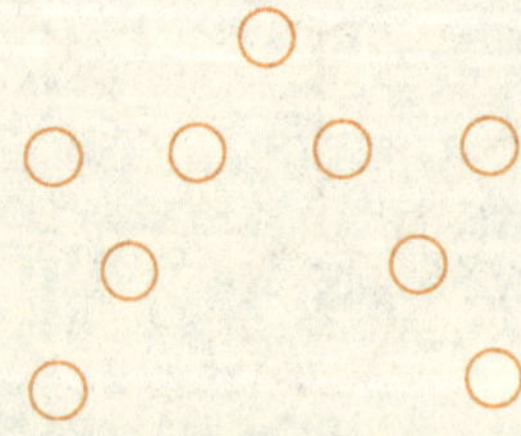

62 分割 W

在下面“**w**”形状的图形上画三条直线，使它变出 **9** 个三角形。

63 分割池塘

赶快将下图中的池塘分成**形状、大小**完全一样的图形吧！

64 分割麦田

将下列的麦田分为两块**形状、大小**完全一样的图形吧！

65 最简单的路线

小欣住在 **A** 地，她的朋友萌萌住在 **B** 地。现在萌萌要到小欣家，那小欣怎么能用最简单的方法指引萌萌在下图中找到她的家呢？（路程可以不用最短）

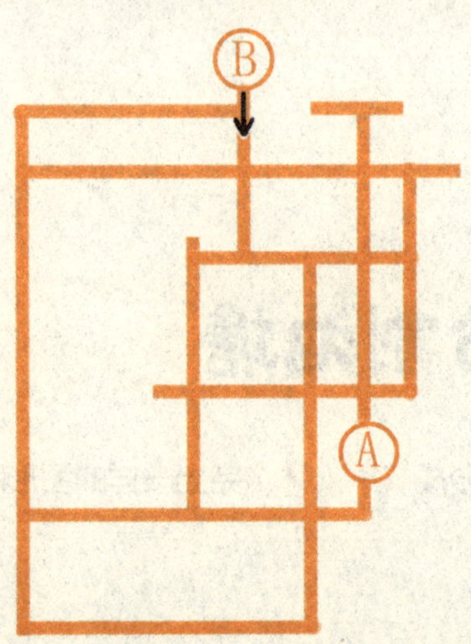

66 平行线的变化

有 **10** 条平行线，它们之间间隔相等，在不减少线的情况下，使它变成 **9** 条平行线。

67 三角形的数量

下图中有**多少**个三角形？

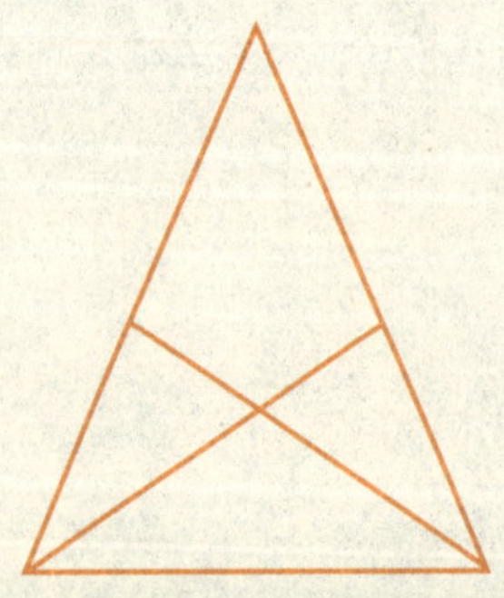

68 组成立方体

图中所有方块的体积都相等，请你在不移动图中方块的基础上，构成一个立方体。需要**多少**方块？

69 未知的数字

你知道**问号处**的数字是多少吗？

16	10	20	14
8	140	134	28
14	70	268	22
7	?	38	44

70 正方体推理

有一个立方体，在它的六面分别标有 **A、B、C、D、E、F** 六个字母，根据给出的图，判断 B 的对面是哪个字母？

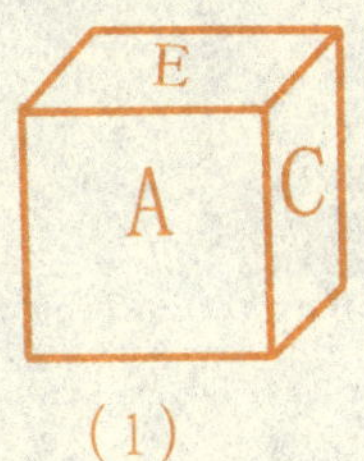

(1)

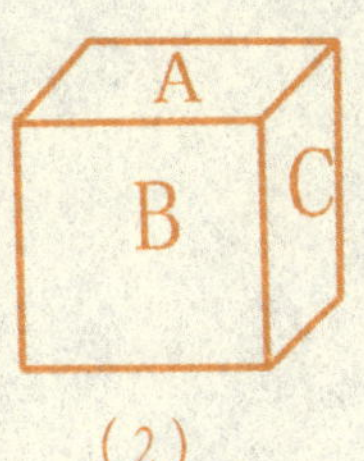

(2)

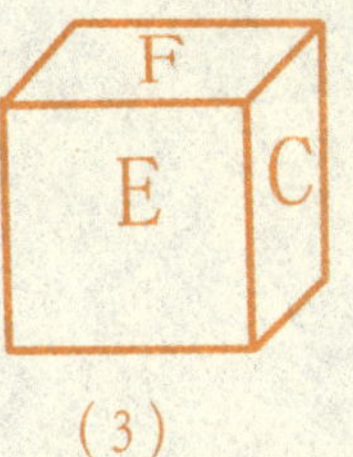

(3)

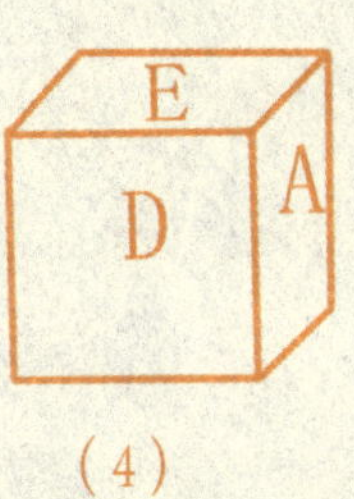

(4)

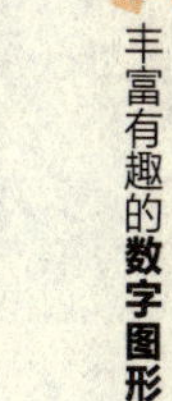

第2辑

犀利敏锐的观察辨别游戏

71 正六角形

你能从下图中找到**一个**正六角形吗？

72 视觉差

右图中只有**一支**箭尾和箭头是配对的，请你将它找出来吧！

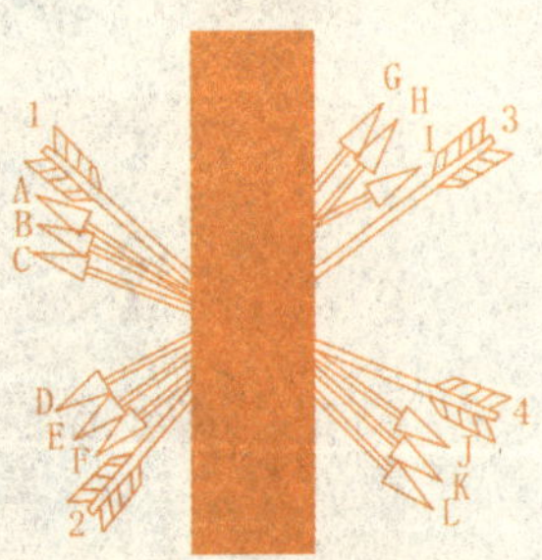

73 数字的颜色

看图判断 **Z** 是蓝色还是黑色。

A	B	C	D	E
F	G	H	I	J
K	L	M	N	O
P	Q	R	S	T
U	V	W	X	Y

74 正方形手帕

右面这块带有图案的正方形手帕是由很多个**小正方形**构成的。你知道有多少**个正方形**藏在手帕中吗？

75 复杂的铁环

观察右面的图，这个图是由 **14** 个连在一起的铁环构成的。请找出有哪几环可以动手解开，然后就可以使它环环脱离了。

76 长短不一的线条

仔细观察右面的线条，你能找到**最长**的那条吗？

77 不一样的脸

观察下面这张女人的笑脸，然后将书**上下翻转**，你会发现很有趣。找找看有什么不一样吧！

78 不同的东西

在锯子、牙刷、梳子、钳子、叉子**5 种**东西中，哪一种与其他四种不同？

79 训练你的观察力

将下面的**表格**填写完整。

80 谁最高

用心观察**下图**，问：三人之中谁最高？

81 靶子的数量

这是一张由很多靶子叠放在一起的图，你只能看见每个**靶子**的一部分，你知道这里面最多有多少个靶子吗？

82 你能看到什么

你认为**右图**是什么？

83 出其不意的折纸

右图是一张折纸，在不使用胶水和胶带的情况下，只在长方形纸片上剪开两处，就可以得到这样的**一张折纸**。仔细观察，你能剪出来吗？

84 不平行的眼睛

观察右图，她的眼睛在**一条直线**上吗？

85 是不是美女

在这幅图中，你看到的是**美女**还是**老太太**？

86 排列大小

在不使用量角器或其他工具的前提下，将下面的角度按**从小到大**的顺序排列起来。

87 不一样的图形

在下列图中找出一幅与其他四幅**不同**的图形。

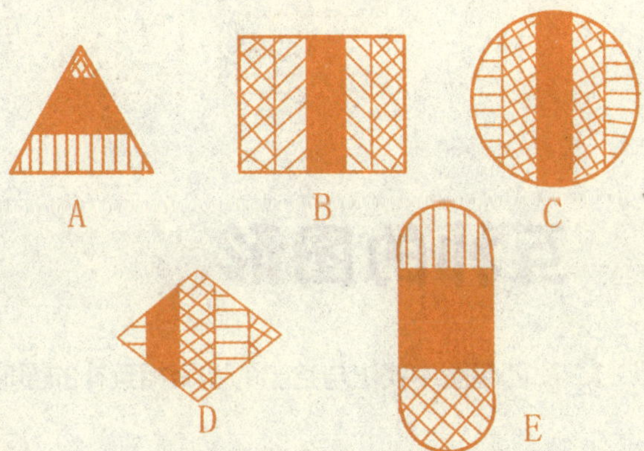

88 哪个不一样

请从图中找出一个与其他**不同**的图形。

89 相似的图形

仔细观察 A、B、C、D、E 五个图形，你知道在哪个图形上面加上一点后，就会和左边的图形相似吗？

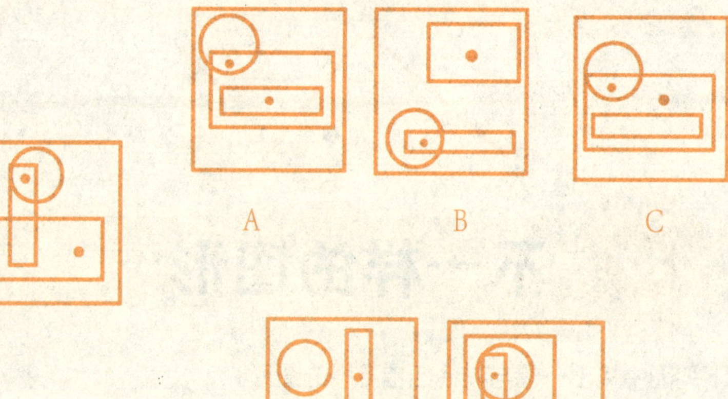

D E

90 互补的图形

从 A、B、C、D、E 四幅图中找出与给出的图案相互补的图形。

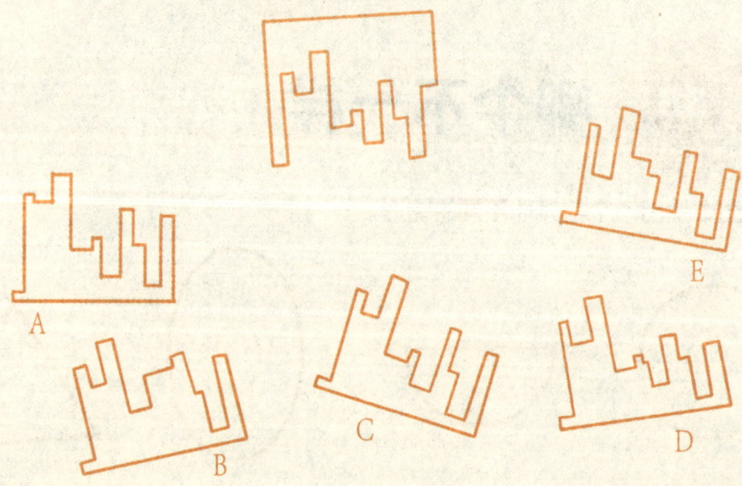

91 视觉差异

仔细观察给出的图形，判断图中的两个门是否**一样大**？马路与房子的一面是否**平行**？

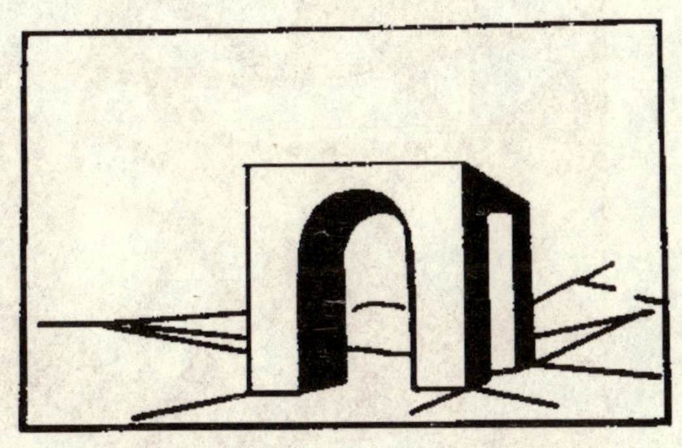

92 道路的条数

仔细观察下图，按照图中给出的箭头方向，从起点走到终点，一共有多少条**路线**？

93 找到五角星

在下图中找出**一颗**标准五角星。

94 多余的图案

图中有一个图案是**多余的**，你知道是哪一个吗？为什么呢？

95 缺少的字母

图中缺少一个**英文字母**，你知道是哪一个吗？

96 松散的绳子

下面四幅图中有的绳子没有**打结**，你知道是哪几个吗？

1

2

3

4

缺失的部分

你知道第三幅图中的轮子**缺的**是哪一部分吗？

98 鸭子的影子

从 **A、B、C** 三幅图中找出左面鸭子的影子。

A

B

C

圆圈中的线条

观察下面三条曲线，哪一条曲线的**半径**最大？

100 有趣的凯尼泽三角洲

仔细观察下图，你发现了什么？是不是有一个很**突出的**三角形？

101 圆的大小

仔细观察下图，被围在中间的圆**大小一样**吗？

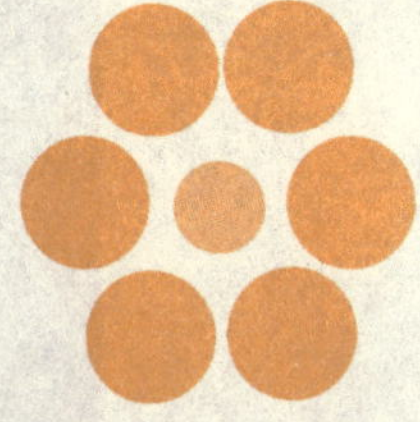

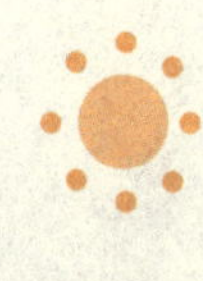

102 不可捉摸的变化

仔细观察下图，你是不是觉得很不可捉摸呢？图中画的是**树还是石拱**？是**建筑还是人脸**？是**水面还是沙漠**？……你能看得出来吗？

103 画中画

在这幅图中你看到了什么？是不是一张美女的面孔？但是仔细观察你就会发现，有**两只饥饿的小鸟**正在张望觅食归来的父母。

104 可怕的画

这幅图看上去是不是很可怕呢？但是仔细观察，你发现了什么？是不是有一对恩爱的情侣在**喝酒**呢？

105 奇怪的柱子

你觉得下面的画有点不可思议吗？这是艺术家约瑟·德·梅带给我们的伟大作品。用心想一想，左边的柱子为什么会**靠前**呢？

106 咖啡店幻觉

你是不是觉得中间的方块是**突出的**呢？赶快用尺子量一量吧！

奇怪的图画

仔细观察下图，你是不是觉得很奇怪？他们是在一个平面上还是既有人在**上面**又有人在**下面**？

108 图画的秘密

仔细观察下图，你是不是看到的是一个人的头像，现在试着将图旋转 **90°** ，你发现了什么？

109 亲吻的情侣

图中是一对正在亲吻的**情侣**，你能看出来吗？

110 图中藏图

你看到的是**脸**还是**房子**？

111 多少匹马

仔细观察下图，你可以找到多少匹**马**？

112 隐藏的脸庞

虽然第一眼只能看见一个老人和一个抱小孩的妇女，可是其中隐藏着**九张**脸庞，运用你的观察力将它们找出来吧。

113 倾斜的线条

仔细观察，下面竖直的线条是不是**倾斜**的？

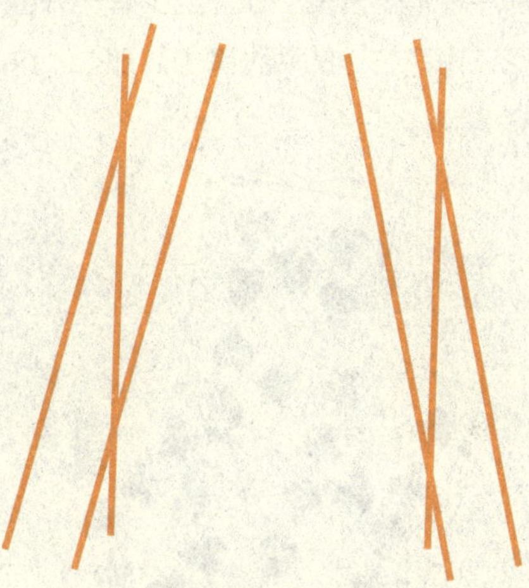

114 有趣的图形

你认为柱子是**圆的**还是**方的**？

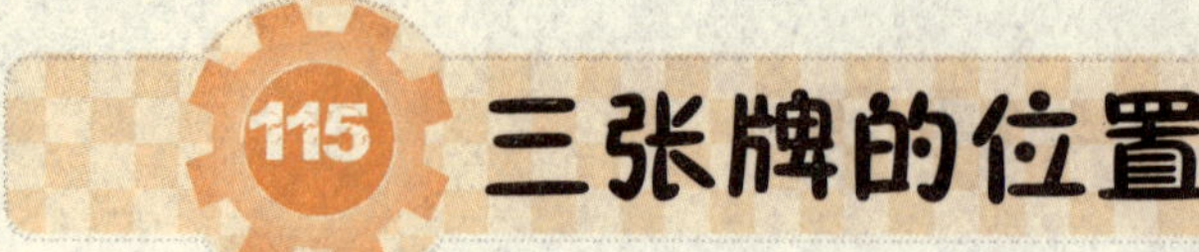

115 三张牌的位置

3 张扑克牌摆成一排，其中有一张 9，在 9 的右边的两张牌中至少有一张是 10，在 10 左边的两张牌中也有一张是 10；至少有一张梅花在黑桃左边的两张牌中，而至少也有一张梅花在梅花右边的两张牌中。那么，这 3 张牌究竟是什么？

第3辑

出其不意的创新思维游戏

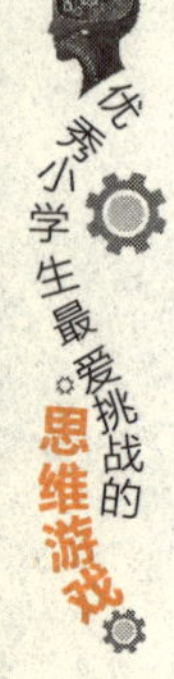

116 放进裤兜中的手

在生活中我们总是习惯性地将左手放进左边的裤兜中，把右手放进右边的裤兜中，那么现在请你想一下，我们有什么好方法能将左手放进右边裤兜的同时还能将右手放进左边的裤兜中?

117 都不喜欢吃的东西

人们都不喜欢吃的东西是什么?

118 奇怪的食物

世界上有一种食物，没吃的时候是绿的，吃的时候是红的，吃完吐出来后是黑的，请问这是一种什么食物?

119 铁锤砸鸡蛋

人们都知道如果用铁锤去砸鸡蛋，鸡蛋一定会破。但是，小刘在向同学表演铁锤砸鸡蛋的时候，为什么锤不破呢?

120 一样的考卷

在一次数学考试中，有两个考生的考卷一模一样。可是，监考官们却不认为他们作弊了，为什么呢?

121 奇怪的考试

期中考试的时候，阿紫明明知道答案是什么，可她还是偷看同学们的考卷，这是为什么呢？

122 不能吃的瓜

在同学聚会的时候，小文为活跃气氛就给大家出了一道题：冬瓜、南瓜、北瓜、西瓜都是可以吃的瓜，那什么瓜不能吃呢？

123 狭路相逢

东山村有一条河，河上有一座小小的独木桥，这座独木桥只能允许一个人通过。有一天，很不巧的是张楠和李良同时来到了桥头，他们一个从南边过来，一个要向北边去。如果两人想要同时过桥，该怎么办呢？

124 同时升降

有一种东西，在下降的同时可以上升，在上升的同时又可以下降，这种东西是什么？

125 先捡哪一个

如果你在路上发现了两枚戒指，一枚是纯金的，一枚是镶有蓝宝石的。你会捡哪个？

126 六只脚印的毛毛虫

毛毛虫有八只脚。某天它从猪粪上爬下来后，却只看见六只脚印，你知道这是为什么吗?

127 不能举起来的东西

有一个大力士，能轻易举起几百公斤重的东西，因此他总是向人们炫耀。一天，一个人对他说:“有一样东西你永远也不能举起来。”大力士听后很不服气，可是他试了试，果然举不起来。那么，那样东西是什么呢?

128 白鸡和黑鸡

我们知道，在农村里既有白鸡又有黑鸡，那你知道黑鸡和白鸡到底谁厉害吗?

129 三十一天的月份

你知道一年中有哪几个相连的月份都是 31 天吗?

130 不会变的“10”

有没有一样东西加了十个是十个，去了十个依然是十个?

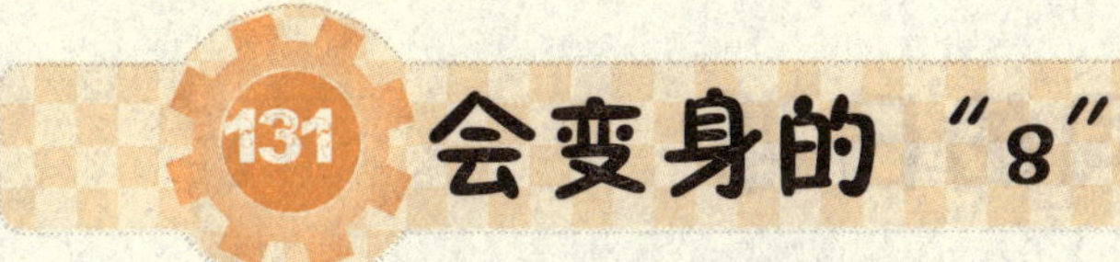

131 会变身的“8”

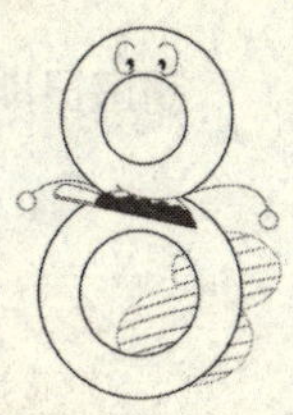

如果数字 8 对半分开，其中一半是多少？

132 爸爸妈妈的共同点

爸爸妈妈的姓名不同，性别不同，成长经历不同。但是每一个爸爸妈妈都有一个相同点，你知道是什么吗？

133 青蛙跳高

青蛙为什么总是比大树跳得高？

134 猜猜数字

有一个数字，把首位去掉后就变成了 15，把末位去掉后就变成了 40，你能猜出这个数字吗？

135 一厘米的小孔

有两个直径是 1 厘米的小孔，但是体积为 100 立方米的东西却能轻易地从这么小的圆孔中通过，请问这是什么东西呢？

136 相同的日期

制造日期和有限日期是同一天的东西是什么？

137 双胞胎兄弟

有一对双胞胎兄弟长得一模一样，他们唯一的不同就是哥哥胸前有一颗红痣，而弟弟没有。如果他们装扮一致的话，几乎没人可以分辨出来。可是，无论他们俩再怎么打扮装饰也有人可以立即知道谁是哥哥谁是弟弟。那么你知道是谁吗？

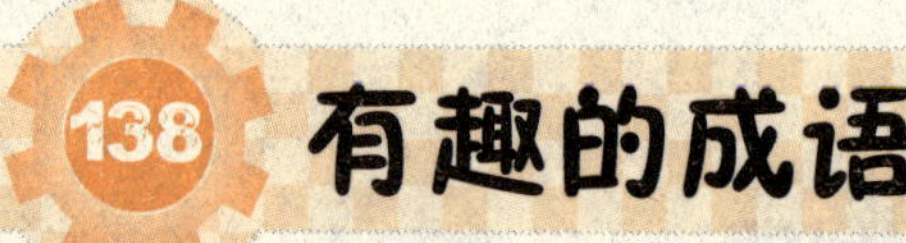

138 有趣的成语

一个漂亮的女人，离过多次婚。（打一成语）

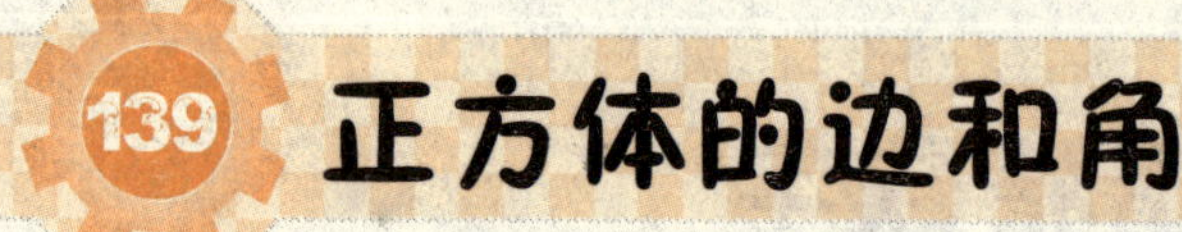

139 正方体的边和角

有一个八个角八条边的正方体盒子。如果把它从中间剪开，那么还剩几个角几条边？

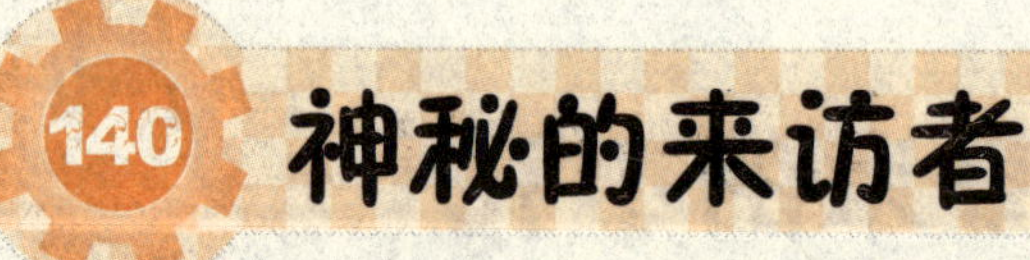

140 神秘的来访者

经过上万年的变迁，在地球上唯一生存下来的男人正躺在屋里休息，这时他突然听见一阵敲门声。人类以外的生物早就灭绝了，这不会是石子敲打门的声音，当然更不可能是外星人来访。那么，你知道是谁在敲门吗？

141 怕热的胖子

长得胖的人一般比长得瘦的人怕热，你知道这是为什么吗?

142 推不开的门

小七被哥哥关在房间内，这个房间只有一扇门，其他地方都是完全封闭的，但小七拉不开这扇门，那么他应该怎么出来?

143 警员和小偷

阿京是一名警察，有一天他在巡逻的时候看见小偷撒腿就跑，你知道阿京为什么跑吗?

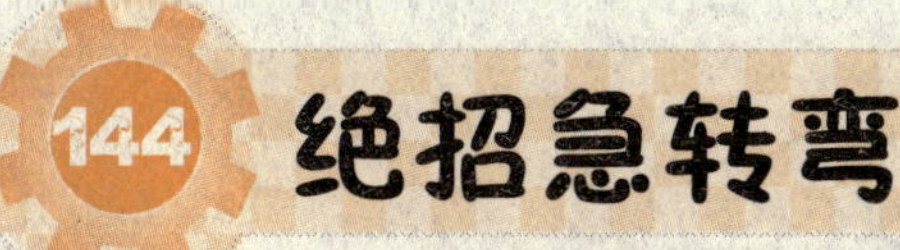

144 绝招急转弯

肖莎经常说自己能够辨别母鸡的年龄，其绝招就是牙齿，你知道为什么吗?

145 独一无二的事情

有一件事，只能一个人做，如果两个人或两人以上，就做不成这件事。而且这件事只要你不说，就没人知道你到底做了什么，你知道这件事是什么吗?

146 打破的东西

通常我们做了错事就会受处罚，当然把东西打破了也要受惩罚。可是有一种东西，如果把它打破不仅不受惩罚，还会受到表扬。请问，这东西是什么？

147 坐不到的地方

女儿和妈妈在公园里散步，女儿说：“妈妈，我能坐一个地方，而你却永远也坐不到这个地方。”妈妈当然不相信她说的话，那你相信吗？这个地方又是哪里呢？

148 喂什么呢？

如果向你周围的人问这样一个问题，尽管很简单，但是很多人都会回答错：有一个人买了一只羊，这只羊有两只耳朵、四条腿、一条尾巴，请问喂什么？

149 飞走的鸟

森林里住着 10 只鸟，它们每天生活得无忧无虑。有一天，森林里来了一位猎人，他开枪将一只鸟打死了，可是剩下的 9 只中只有 5 只飞走了，为什么那 4 只没有飞走呢？

150 小女儿是谁

小梅的妈妈生了三个女儿，老大是大娟，老二是二娟，那么，你知道小女儿是谁吗？

151 奇怪的牛角

老凉在家里养了 10 头牛，可是为什么只有 19 只牛角呢？

152 胡作非为

作为一国的国王，那可是一人之下，万人之上，没有哪个人敢在皇帝的头上胡作非为。但是有一种人，对这些却毫无顾忌，竟然敢在皇帝的头上胡作非为，而且他们不但不会受到严厉的惩罚，还会得到很多奖赏，你知道是什么人吗？

153 飞机的位置

小耳乘飞机从西藏到广州需要 10 个小时，他搭乘的飞机在飞行了 6 个小时后，飞机会在哪儿？

154 通用的字

有一种字在全世界都可以通用，你知道是什么字吗？

155 会魔法的桶

一个桶无论有多大总会有装满水的时候，但是有一种永远都装不满的桶，你知道是什么吗？

156 标签

有一个瓶子里面放的明明是酱油，可是标签上却写着醋。你知道为什么要这样写吗？

157 蛋的主人是谁

李先生养了一只母鸡，某天他出去的时候忘了锁门，他家的母鸡就跑到孔先生家的菜地里玩儿去了，并在菜地里下了两只蛋。那么，你知道这两只蛋的主人是谁吗？

158 最近的距离

我们知道比目鱼的眼睛是世界上距离最近的眼睛，那你知道哪种动物的双眼距离比比目鱼的双眼距离还要近吗？

159 什么心愿

小张半夜两三点到家后发现自己没带钥匙，而且更不幸的是没有人在家。你知道这时候，小张最大的心愿是什么吗？

160 喝酒狂人

在一个酒吧里，一位先生在喝酒，他每半小时喝完一瓶，一直从上午十一点喝到下午两点。那么，在这个时间段内他喝了多少瓶酒？

161 小胖的体重

小胖经常对人说：“你知道吗，虽然我的体重最多能达到 85 公斤，但我体重最轻时才只有 3 公斤。”大家都以为小胖在开玩笑。那么，小胖有没有在开玩笑呢？

162 奇妙的星球

有一个星球，如果在这个星球上，你向上扔出一只皮球，它会在空中飞一会儿，然后在空中停顿，最后朝你飞来。但是，它绝对不是被别的东西弹回来的。那么，这个星球是哪一个？

163 机巧的年轻人

有一个年轻人想参加集体游行示威，但他对这次游行示威不是很了解。他的父亲担心他有危险就劝他不要去：“如果你做的事是正义的，你就会被反动势力所伤害；如果你做的事是违背良心的，上天就会惩罚你，不管怎样你都会受到伤害，还是不要去了。”但是年轻人非常想参加这次游行，他机敏地回答了父亲的问题并说服了父亲。那么，他是怎么回答的？

164 最帅小男孩

现在一名世界上最帅的男孩出生了。那么，世界上有什么事发生？

165 活着的蚯蚓

人们在钓鱼的时候喜欢用蚯蚓做鱼饵。一天孙大爷抓了五条蚯蚓，在分鱼饵的时候把其中两条分成了 2 段，请问，孙大爷还有几条活蚯蚓？

166 职业的奥秘

在我们的工作和生活中，我们会遇到从事各种各样职业的人，但是有一种职业，人们可以在很短的时间内反复改变自己的意见，你知道这是什么职业吗？

167 结婚的习俗

每个国家都有自己的信仰和遵守的准则，而且每个国家的风俗也都不同。如果一个中国男人想娶他遗孀的妹妹为妻，在中国允许这种行为发生吗？那么如果是在法国或德国呢？

168 看病

有一位病人来医院看病，医生问他："发烧了？"病人摇了摇头。"腿疼？"病人还是摇了摇头。后来，不管医生说哪一种病，他总是摇头。你知道这位病人是来看什么病的吗？

169 完好无损的鸡蛋

我们都知道地球上存在重力，任何一个东西最终都会落到地上。现在你让一个鸡蛋自由下落。如果除了坚硬的地面地上没有任何东西，你能做到使鸡蛋下落一米而不碎吗？

170 逃跑

假如动物园失火了，你知道最先跑出来的是哪一种动物吗？

171 黑豆和黄豆

如果在一个锅里同时翻炒黑豆和黄豆，等炒熟后倒出来，自然便能分开黑豆和黄豆。那么，要如何炒呢？

172 哪一天

你知道星期四前两天的后三天的前一天的后三天的前一天是哪一天吗？

173 先点燃的物品

钱师傅还有最后一盒火柴，而这盒火柴也只剩最后一根了，但是这里还有蜡烛和炉子需要点燃。那么，他先点燃哪个呢？

174 巧喝瓶底的果汁

平常我们喝东西的时候都是先喝上面的，现在有一瓶装满果汁的饮料，你如何做才能先喝到底部的果汁？

175 老实的火柴

火柴体型细长而且又比较圆，所以每次落地后都会滚动。现在从一米高的地方向下扔一根火柴，使它落地后不再滚动，你能做到吗?

176 环球旅行

珠珠和满满要驾驶飞机环游世界，他们打算从旧金山出发。珠珠说:“我们要向北飞，如果方向一直不变，最后就能飞回旧金山。”满满却说:“我们要向南飞，如果方向一直不变，最后就能回到旧金山。”那么，他们两个谁是正确的?

177 没人买的布

有一种很宽、很长也很好看的布，可是却没有人来买它，因为它不能用来做衣服。你知道这是什么布吗?

178 聪明的老婆

井田原一的老婆是远近闻名的高傲女子，见到老公从来不鞠躬，这让井田原一很是郁闷。于是他想了一个好办法，在老婆进门的门口，横着钉了一块木板，这样老婆进来的时候就会弯腰低头，也算是给他鞠躬了。可是井田原一的老婆是个聪明人，她没有鞠躬也一样进来了。你知道她是怎么进来的吗?

179 不一样的待遇

有两个犯人被关在同一间牢房里，其中一个因为抢劫钱财要关半年，而另一个蓄意谋杀导致他人死亡却只关一星期。你知道为什么吗?

180 侦破案件

松竹小区发生了一起入室抢劫案件，案发现场没有留下任何线索，而且警方也没有找到任何目击者，但是半小时以后，警方宣布此案件已经被侦破。你知道为什么吗？

181 两颗心的人

一般而言，多数人的心脏在左边，而只有极少数的人心脏在右边；这个世界上有 99.99999999%……的人都只有一颗心，可是也有一些人有两颗心，你知道是哪些人吗？

182 马尾的方向

现在有一匹面朝正北的马，这匹马先顺时针转了 370 度，然后又逆时针转了 640 度，那么它的尾巴现在朝哪个方向？

183 聪慧的考生

有一所学校非常出名，因为从这个学校出来的学生都会取得一番成就，所以当时好多人都想进入这个学校。但是这个学校的入学考试不仅严格而且奇怪，其中有一次考试是这样的：将所有的考生都关在一个屋子里，每天提供不错的饭食，考官在门口看着，如果谁能第一个走出这间屋子，那么他将会被学校录取。

在考试期间，考生提了各种古怪的借口想让考官放他们出去，但没一个人成功。只有一个考生，他只对考官说了一句话，考官就让他离开了，后来他就成为了这家学校的学生。

你知道他说了什么话吗？

184 吹牛大赛

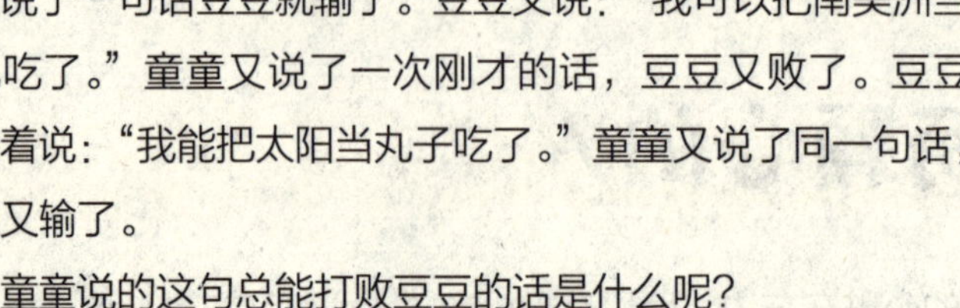

三年级二班的豆豆和童童正在参加吹牛大赛，他们的比赛题目是：谁吃得多。豆豆说：“我能把陆地上的水全喝了。”童童说了一句话豆豆就输了。豆豆又说：“我可以把南美洲当面包吃了。”童童又说了一次刚才的话，豆豆又败了。豆豆再接着说：“我能把太阳当丸子吃了。”童童又说了同一句话，豆豆又输了。

童童说的这句总能打败豆豆的话是什么呢？

185 不买票的乘客

乖乖坐公交车的时候发现包括自己在内，车上只有 1/3 的人买了票，其他人都没有买票。而一直到终点，司机和售票员都没有索要车票。那么，原因是什么呢？

186 镜子成像

为什么镜子里的画面可以左右颠倒却不能上下颠倒？

187 满是镜子的房间

有一间满是镜子的房间，无论是墙面还是地面或是门，每个角落都是镜子。那么，如果你进去把门关紧，会看到什么？

188 小游戏

找你的好朋友玩一玩下面这个游戏。首先让你的朋友将“亮月”这个词迅速说20遍，然后让他再把“月亮”这个词说20遍。等他说完后，立即问他后羿射的是什么。

189 赛跑的狗狗

小黑和小白是两只可爱的小狗，有一天它们两个比赛跑步。小黑跑得快，小白跑得慢，到终点的时候，哪只小狗流汗比较多？

190 释放的犯人

接到上级通知，一名女犯人因表现良好可以提前释放。但出狱的时候却是一男一女，门卫不知道怎么回事就打电话询问监狱长，可结果是准许他们两人出狱。那么，究竟是为什么呢？

191 奇怪的碑文

在墓园有一块墓碑，墓碑上的碑文很奇怪，曾引得许多人前来观看。碑文是这样写的：假如把同母异父或同父异母的关系包括在内，那么墓地里至少埋葬了多少人？

192 大雁南飞

大雁秋天为什么要飞到南方去，你知道吗？

193 黑熊掰玉米

一只黑熊在一分钟内可以掰 3 个玉米，假设有三只这样的黑熊在果园里掰玉米，它们五分钟能掰多少？

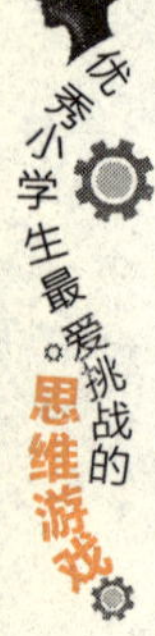

194 打电话的小刚

小刚刚来这个城市没多久，还没有朋友，周末待在家里感觉特别无聊，后来他想找一个人聊一聊，就随手拨了五个号码，但是每一次他都能听见一个动听悦耳的女士的声音。请问，这是巧合还是他的错觉？

195 美国的阳光

一天夜里 12 点，美国开始下暴雨，那么 72 个小时后，美国会有阳光吗？

196 没有湿的胶片

密探 008 秘密潜入敌人阵地，取得了重要的微型胶片，但是走的时候不小心把胶片掉到了咖啡杯里，虽然杯里盛满了咖啡，但是胶片没有湿。请问这是为什么呢？

197 不会淋湿的头发

昨天回家的时候小瓦正好遇上下大雨，因为没有雨伞和雨衣，全身都被淋湿了，但小瓦的头发却一根也没有淋湿。原因是什么呢？

198 桥的承重量

落落要到山的另一边看望姥姥，出发前妈妈给她带了很多东西，落落的重量加上身上东西的重量刚好是 40 公斤。在走了多半天后，落落在一座木桥边停了下来，因为桥头牌子上写着：“木桥的最大承受力低于 40 公斤，如果超过了这个界限就会有生命危险！”落落想了想，依然走了过去。你知道原因吗？

199 黑夜看书的人

有一个人特别喜欢看书，每天捧着书看个不停。有一天晚上他在看书的时候突然停电了，这时天上也没有月亮，屋里黑漆漆的什么都看不清楚。但是那个人却依然在看书，完全不受影响。你知道为什么吗？

200 准确报时

在葫芦棚下，有一位修鞋子的老爷爷，每当有行人问他时间的时候，他总是用手弄一下葫芦藤下的大葫芦，然后就能报出时间，而且很准确。

其实这个大葫芦除了个头大之外，没有什么特别。那为什么老爷爷弄一下它，就能得到正确的时间呢？

201 哪个是第三长河

亚马孙河是世界第一长河，尼罗河是第二长河，长江是第三长河。请问：在不知长江长度的时候，世界第三长河是哪一条河？

202 烧毁的电线杆

几个电工正在更换路边的电线杆，但是很多新立的电线杆竟然有一头被烧焦了，可是这几天没有下雨，更没有电闪雷鸣。那么，这些电线杆究竟是怎么回事呢?

203 谁是 CEO

某些公司规定，如果总裁死于意外，那么副总裁可以继任总裁。有一天，副总裁意外地去世了，那么总裁是谁?

204 让座的人

张先生上公交车后坐到了最后一个空位置上。此时一位老人家上来了，就站在张先生的旁边，这位老人家要到终点才下车，而现在离终点还有很长的距离。原本很热心肠的张先生却没有给老人让座。这是为什么呢?

205 占卜的次数

从前在长安街上有一位老先生专门给人看相卜卦，据说算得非常准。有一天安安找到老先生，想请他给自己卜一卦，看看自己以后的健康、财富和婚姻状况。但是，老先生的规矩是两个问题 30 两银子，安安身上只带了 32 两。他问老先生:“如果一两句话很短算一问吗?”老者说:“当然。”“如果我用特别长的一句话问一件事也可以算一问，对不对?”老者说:“是。”那么，安安到底卜了几卦?

206 不是做官的

有一个人不是当官的，却负责单位各级干部和职工上上下下的工作。你知道他是做什么的吗？

207 奇怪的车祸

郊外发生了一起车祸，当警察到达现场的时候发现司机没有受伤，翻倒的车子里面和外面却有大片的血迹，令人奇怪的是没有看见死者和受伤人员，而附近也没有人员经过，你知道这是怎么回事吗？

208 安全着落的空降兵

小谷是空军部队里最好的空降兵，在训练的时候，小谷突然从飞机座位上跳了下去，连降落伞都没有打开，可是他却没有受伤。你知道这是为什么吗？

209 失踪的小羊

舅舅送给灵儿一只小羊，可是半年后舅舅到灵儿家时再没有看见小羊，我们知道这只小羊没有死掉，也没有被人偷走，灵儿更没有把它送人。可是小羊就是不见了，你知道为什么吗？

210 倒霉的老板

有一位老板想送一箱珠宝到外地，因为怕路上不安全所以就雇了一个保镖，全程护送。但是，这箱珠宝还是被人劫走了。在整个抢劫过程中，保镖一直守着珠宝而且没有监守自盗，可是老板的珠宝还是没了。你知道为什么吗？

211 双胞胎

有两个长得一模一样的姐妹到学校应聘老师，她们有血缘关系，出生日期和父母的名字也完全一样。校长问她们是不是双胞胎，她们回答不是。那么，你知道为什么吗？

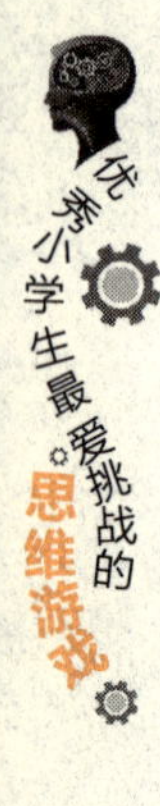

212 年轻的秘密

在一个学术研究会上，王教授碰到了一名女子，那位女子向王教授提了一个问题：“成年男子一般看起来比成年女子年轻，你知道为什么吗？”这个问题有点儿奇怪，王教授想了会儿，然后只用了一句话就将这个问题解释清楚了。

聪明的你知道王教授是怎么说的吗？

213 租房子

妞妞一家三口到外地旅行，但是正好赶上旅游高峰期，好多住宿的地方都住满了，他们暂时找不到房子住。傍晚的时候，他们终于找到一个价格便宜而且条件还不错的房子。但是当他们找到房东的时候，房东却不租给他们，原因是他们带着孩子。

妞妞的爸爸和妈妈听了以后不知怎么办，只好离开了。这时，妞妞对房东说了一句话，房东听完以后，哈哈大笑，并同意把房子租给他们。

那么，妞妞说了怎样一句话呢？

214 闯祸的香蕉皮

大街上有一块香蕉皮，安阳看见后跳了过去，他没有踩到香蕉皮可还是摔倒了。你知道这是为什么吗？

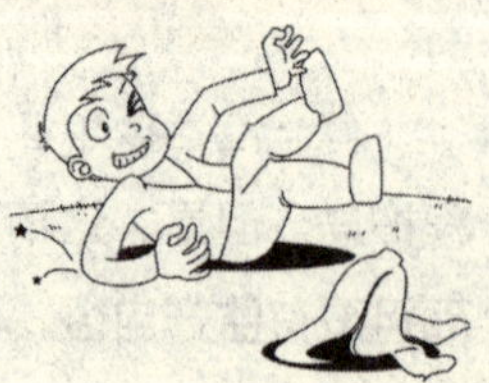

215 该谁牺牲

有三个人乘坐热气球，但当热气球在空中飞行时点火装置却突然坏了，眼看他们快要掉进大海中了。如果将热气球上的重量减轻，就能越过大海，落到对面的小岛上，三人开始把热气球中的东西往下扔，可是全都扔完后，还是不够轻。

因此三人之中必须有一人牺牲才能保住其他两人的性命。三人中，一个是著名的数学家，对数学的发展有很大的贡献；一个是航天专家，曾大大推动了航天事业的发展；最后一个是医学专家，拯救过无数人的生命。请问，应该牺牲哪一个？

216 新经理

福尔摩沙集团最近开了一个分公司，董事会决定分公司的总经理从总集团内部挑选。于是，董事会召集了所有的中层雇员，让他们自己报名候选，同时推荐第二候选人。最后董事会根据所有的名单选出了总经理。那么，你认为谁会中选？

217 韩国夫妇

一位韩国夫妇定居在意大利，但是这位太太不会说意大利语。某天这位太太到菜市场去买菜，她想要买鸡爪子，于是就用手指了指自己的脚，随后又学了两声鸡叫，老板看懂后，就把鸡爪子卖给了她；之后，她还想买猪蹄，这时她却回去把自己的丈夫叫来了，那你知道她为什么这样做吗？

218 神射手

一张三条腿的桌子上放着四个瓶子，有三位神枪手想比试枪法，用最少的子弹将四个瓶子射倒。第一位神枪手开了三枪才将它们射倒，第二位神枪手开了两枪，而第三位神枪手最厉害，只开了一枪，

那么第三位神枪手是如何用一枪就将瓶子射倒的？

219 钢笔

拿一只钢笔放到地上，如果想使任何人都没有办法跨过钢笔，你知道应该放到哪儿吗?

220 汽车的罚单

小草和小树两人都有一辆汽车，放假的时候他们两个决定自己开车去北京旅游。两人从同一个地点出发，沿同样的路线行驶，小树的车速正常，小草也没有超过小树。那么，小草有被开罚单的可能吗?

221 哑巴和瞎子

一个哑巴来商店买钉子，因为不会说话，他就举起左手食指，然后右手握成拳朝食指砸下去，店员见后拿来一把斧头，哑巴摇了摇头。而后店员就递给了他一盒钉子，哑巴付完钱后高高兴兴地走了。后来，又来了一个瞎子，他想买锤子。那么，他会如何做呢?

222 如何开车

一辆摩托车在一条很直的路上行驶，他的车头朝南。如果摩托不拐弯，在车停后，如何使摩托车距离原来所在地北面 3 公里?

223 礼物

爸爸送给阿飞一个生日礼物，可是阿飞却把礼物扔了出去，并且爸爸还没有责怪他。你知道为什么吗？

224 小货车超车

香香家买了一辆新车，哥哥正带着香香高兴地沿湖滨公路试车，她从车镜里看到一辆旧货车在后面慢慢地行驶，就好像一位老人在困难地向后倒着走一样，渐渐地小货车越走越远，最后消失不见了。

湖边的路比较窄，才 3 米多宽，而且还是单行线。香香在车里闭着眼睛休息了一会儿，等她睁开眼的时候竟然发现那辆破破烂烂的小货车竟然跑到自己车前面去了。那么，它是怎么跑到前面的？

225 让人哭的小品

一喜剧小品正在电视台播放，随着故事的发展小品也越来越搞笑，不过电视机前的观众朋友没有一个在笑，反而感觉越来越难受，甚至都有人哭了。你知道这是什么原因吗？

226 最烂的驾驶员

威尔逊经常不遵循行驶规则，总是闯红灯、超速、逆行，他成了警察最头痛的家伙，也被司机们称为公路杀手。可是奇怪的是，最近 20 多年来，从没见威尔逊发生过交通事故，也没有被扣分或是吊销驾驶执照。那么，他究竟是怎么办到的呢？

异常的血压

小小最近身体不舒服，经过专业医生的检查，测出他的血压竟然是普通人的三倍，但是医生却说这是正常的，你知道为什么吗？

不守时的人

下午下班后，郑先生打电话对妻子说：“你做好饭了吗？我快到家了，大概 7 点 10 分就到家了。”妻子回答说：“我等你一块儿吃饭。”就挂了电话。

当郑先生 7 点到家的时候，他妻子非常生气，对他吼道：“如果以后你说话不算话，还是像这样的话，我们就离婚。”

那么，郑先生做了什么事让妻子如此生气？

好运的自杀者

两个乞丐因为经常挨饿受冻，受人欺负，于是决定自杀，不再活在世上受苦。但是他们讨的钱只可以买一瓶农药，而半瓶农药喝了不会死只会受苦。尽管如此，他们还是去了农药店，而且没有祈求老板发善心，就得到了两瓶农药。你知道为什么吗？

幸运的司机

一名驾驶员因疲劳驾驶，在路上和另一辆车相撞了。但幸运的是，两辆车的驾驶员都没有受伤，不过另一辆车的乘客受伤严重，失去了双腿。

但是在审判这件案子时，法官只罚了这名驾驶员几百元而已。为什么惩罚这么轻呢？

231 临危救命

有一个聋子看见一个小女孩在河边玩耍，后面就是一条小河，可是小女孩还在往后退，眼看就快掉进河里了，聋子没有时间跑过去把小女孩拉开。那么，他该怎样让小女孩不掉进河里呢？

232 青蛙逃生记

有一只不幸的小青蛙，在外出觅食的时候掉入了一个洞中。这个洞深 1 米，但是青蛙每次只能跳半米。请问：它跳几次可以跳出洞？

233 墓穴谜题

一对考古学家进入地下墓穴后，在墙上发现一句话：一个没有双眼的人，看到树上有甜杏，他摘下了甜杏，又留下了甜杏。你知道是什么原因吗？

234 沙滩上的脚印

退潮后，小列到海边的沙滩捡贝壳，他看见一个像丁香一样的女孩在沙滩上慢慢地走着，看起来很孤独很忧伤。忽然，那个女孩回头看了看他，小列也好奇地向女孩身后看了一眼。可是小列却吓了一跳，因为女孩的身后竟然没有脚印，你知道这是为什么吗？

235 星星的数量

小淘喜欢逗朋友们玩儿，有一天他拿出了一张木板，朋友看见木板上有 8 颗星星，可是当小淘放下木板再拿起的时候，木板上的星星竟然变成了 10 颗。那么，这个木板上有多少星星呢？

236 比你高的人

从前，有一个人身高 2.22 米，是他们村里最高的人。有一天他去卖东西，碰到一个身高 2.40 米的巨人，然后他就走过去对巨人说："我第一次看见个头比我还高的人。"那人笑了笑说："不，你一定见过许多高过你的人。"那么，这个个子更高的人为什么这样说呢？

237 跳楼人的死因

周先生最近很倒霉，公司破产了，在外还欠了一大笔钱，就连老婆也离开他了。因此，他觉得自己已经没有什么可留恋的了，于是第二天就从一栋 40 层高的楼顶跳了下去，但是他却不是摔死的。你知道是什么原因吗？

238 装出来的文化人

古时候，有两个书生模样的人在饭馆相遇，其中一个穿白衣，另一个穿紫衣。他们同坐在一张桌子旁，白衣书生手里拿着一本书在认真地读，紫衣书生见状也拿出了一本书仔细看着。十分钟后，白衣书生说："兄台看的是什么书啊？"紫衣书生："《西游记》。"白衣书生靠近后不禁笑道："你的书拿倒了。"紫衣书生："我这么做是想让你看清楚。"白衣书生把书拿过来，翻了几页说："仁兄真是幽默啊，你原来在看日历啊。"紫衣书生忙道："对啊，想看看这两天出门是不是大吉大利。"白衣书生听完就放声大笑，原来这紫衣书生竟是装的。

那么，白衣书生是如何看出来的呢？

变化多端的石料

建筑商从南方购买了一些石料。第一天，石料呈圆形；第二天，石料呈圆柱状；第三天，石料又成了方形。最不能解释的是，在整个过程中，建筑商没有将这些石料雕刻或切割。请问，建筑商是如何让石料变形的？

240 轻松地旅行

小美和爸爸妈妈一起出国旅行，因为三人都不懂外语，所以在中途转机以及游玩的时候出现了一些不便的状况，小美的爸爸妈妈有时都不知道怎么应对，时常感到不知所措。可是，小美却丝毫没有感到不方便，反而很高兴，你知道这是为什么吗？

孙子的安全

地震发生后，很多人都很关心灾区的情况，电视台和电台也都在不断地向市民播报灾情和寻人启事。老李最疼爱的大孙子在地震前就一直在那里工作，直到现在也没有回来，周围的邻居都很担心，于是就问他：“你孙子没事吧，有没有打电话报个平安？”老李说：“没有。”邻居又说：“电台、电视台有没有播放与你孙子相关的消息？”老人说：“没有，不过大家放心，我孙子很平安。”请问：老人是如何知道的？

精打细算的理发师

一天，小四到理发店理发，刚坐下就说：“昨天我们足球队和另外一个足球队比赛以 69：50 结束，我们足球队胜利，而且没有一个男球员进球，你知道为什么吗？”理发师想不明白，顾客说：“我们的球队都是女生。”理发师笑了笑对她说：“我宁愿给两个女孩理发，也不愿给一个男孩理发，你知道为什么吗？”顾客不解，你能告诉他答案吗？

243 居高不下的死亡率

有一个岛，空气清新，鸟语花香，居民的受教育程度很高，医疗设备和医生技术也都不错。可是这里的癌症死亡率却很高，而且还位居世界前列。你知道为什么吗？

244 残酷的厮杀

有甲、乙两个国家，他们的皇后都有两匹战马，但由于一些未知的原因两国展开了一场惨烈的较量，最终导致甲国的两匹战马全部牺牲，而乙国一匹战马战死。在战争结束以后，已经牺牲的三匹战马和幸存的一匹躺到了一块儿。原因是什么呢？

245 奇怪的病人

小薇身体健康，但是眼睛视力太差，不过小薇每周都要去三次骨科医院；小妮则身体特别虚弱而且还有严重的胃炎，但是小妮每周去两次眼科医院。这是为什么呢？

246 火车过隧道

我们见到的火车道基本都是双轨的，但在隧道里，火车道是单轨的，因此如果两个火车在同一时间要经过隧道，就会发生车祸。

某天，一辆火车从北向南进入一条隧道，而另一辆火车从南向北进入了同一条隧道，两车速度都很快，可是却没有相撞事件发生。你知道原因是什么吗？

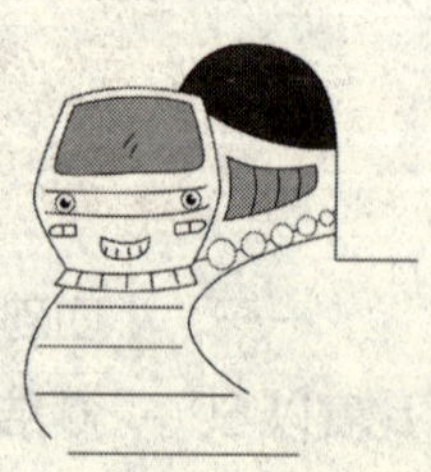

247 “哑巴”鹦鹉

小方在买鹦鹉的时候，店长告诉他，这只鹦鹉很聪明，可以把它听到的话都重复一遍。一周后，小方再次来到这个店里，指责店长骗他，在这一周内这只鹦鹉一句话甚至是一个字都没有说过。但事实上，这个店长没有撒谎骗人，那么原因是什么呢?

248 有多少土

植树节的时候，老师带同学们到山上植树。同学甲挖了一个坑，这个坑直径60 厘米、深 50 厘米。请问，坑里有多少立方土?

249 没有铁轨

一位工程师正在博览会上向大家介绍这个城市的地铁情况，他说：“在这条线路上，有一公里没有安装铁轨。”大家听后惊讶地问道：“如果没有铁轨，那乘客岂不是很危险?”工程师随后解释道：“自通车 5 年以来，一直很安全，没有发生一起事故。”你知道为何吗?

250 吵架的夫妻

笑笑和峰峰是一对夫妻，有一天两人为一点小事吵了起来。后来两个人就谁也不搭理谁了，他们两人一个脸朝北坐着，一个脸朝南坐着，就这么坐着，谁也不说话。他们两个既没有动也没有照镜子，但是峰峰仍然可以清楚地看到笑笑的脸。你知道为什么吗?

第4辑

焕然一新的发散思维游戏

251 落不下来的苹果

有一根大约 3 米长的绳子，它的一端绑着一个苹果，另一端绑在比较高的地方，使苹果呈悬浮的状态，这时我们从中间将绳子剪断。那么，你有什么方法可以让苹果不落地吗？

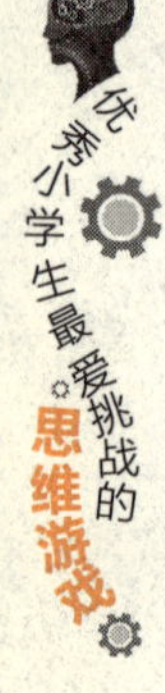

252 如何赶羊入圈

现在有 9 只羊，如果让你把这 9 只羊赶进 10 个羊圈里，而且每个羊圈里都有相同数目的羊，你能做到吗？

253 疯狂的飙车

团团和圆圆是两个聪明美丽的女子，因为家产丰厚和酷爱飙车，姐妹两个都有一辆进口跑车，并且她们经常在公路上赛车。姐妹俩的行为很让爸爸担心。某天，爸爸告诉她们，如果谁输了今晚的赛车，谁就能去埃及探险。爸爸心想这样就不必再飙车了吧，可是不知道为什么，俩姐妹反而开得更快了。那么，为什么呢？

254 挂在杯口的锁子

现在有两根火柴、一把锁、一个茶杯，请你利用现有的物品将锁挂在茶杯口上。

255 狡诈的小偷

一天晚上，旺旺超市的大门被一伙小偷打开了，当他们把偷来的洗衣机搬上货车的时候，突然听见警笛声离他们的方向越来越近。但小偷们没有逃跑或躲开，而是用了一个方法顺利逃过了被捕的命运。请问：他们怎么做的？

256 倒转的杯子

桌子上倒放着三个杯子，如果现在给你机会把三个杯子全部翻转，但是你一次只能翻转两个。你可以做到吗？

如果是三个口朝上，三个口朝下的六个杯子，还是一次只能翻转两个杯子，你可以全部把它们翻转过来吗？

如果变成了全部口朝下的八个杯子，现在让你一次翻转三个，你至少需要几次才可以全部翻转？

257 鸡蛋如何带回家

辉辉下午打完球回家的时候，想起妈妈让他到商店买一些鸡蛋，于是他就掉转头到商店里买了十几个鸡蛋。可是，他上身穿着一件运动衫，下身穿了一条短裤，手上拿着一个足球，再没别的东西了，那么，这些鸡蛋怎么拿回家呢？

258 哪个最先冷

有两杯咖啡，一杯温度高一杯温度低，要把这两杯咖啡在同样的条件下放到冷库里。那么，哪一杯冷得快？

倒正都一样的年份

有一张纸，上面写着一个年的年份，如果将这张纸倒过来看，这年的年份仍然不变。那么，上面写的是哪一年？

260 包公断案

包青天在书房整理案件时，突然听到府衙外有人击鼓。经过升堂审问后，才明白原来是两位母亲在争女儿。两个母亲都很肯定地说女儿是她的，而且都对女孩了解得一清二楚，甚至连她身上的疤痕在哪儿都知道。都说清官难断家务事，包大人也很是头痛。不过，这两人之中肯定有一个是真正的母亲。包青天想，应该找一方法试一下，果然此法一出，案子就结了。那么，包青天想的法子是什么？

261 旅行家的话

约翰是一名旅行家，他的梦想是走遍世界。当约翰在夏天到来的时候到达佛山，佛山天气晴朗。约翰自言自语道："如果事先知道佛山的气温和家里的气温一样高，我就不用浪费六个月的时间到佛山来了。"

那么，约翰说得对吗？

树叶的形状

前方有一片空旷的田地，田地里只有一棵树，而你就站在树的下面。请问：你能在不抬头也不用镜子照的情况下，知道你头上树叶的形状吗？

263 难以拒绝的邀请

阿震喜欢阿香很久了，某天阿震想约阿香吃饭，但是怕被阿香拒绝，就想了一个好办法。

他对阿香说：“我想问你两个问题，你只能说是或者不，不能用别的语句。再者，你必须认真回答，两个答案一定要符合逻辑，不能互相矛盾。”

阿香感觉挺有意思就同意了。你知道阿震怎么问，才能成功请阿香吃饭呢？

264 啃书的书虫

这里有两本古装书，分上、下两册。两本书都厚 3.5 厘米，而它们的封面和封底的厚度都约为 2.5 毫米。恰巧，有一只小书虫飞进了书里面，它从上册的封面开始吃书，一直吃到下册的封底。那么，这小书虫吃了多少书？

265 不能拒绝的求婚

罗刚很喜欢佳微，他想让佳微的父亲同意两人的婚事。虽然佳微的父亲也知道女儿很喜欢这个男子，但他不想就这么轻易地答应罗刚。于是，他对罗刚说：“如果你能说出一件令我不相信的事情，我就同意你娶我的女儿。”罗刚想了想后说了一句话，佳微的父亲听了很满意，就同意了他们的婚事。

那么，你知道罗刚说的是哪一句话吗？

266 买牛奶

星星到商场买牛奶，营业员告诉他纯牛奶九角，低糖牛奶一元。于是星星买了一瓶纯牛奶，然后将一元放到了柜台上。

这时词词也把一元放到了柜台并告诉营业员他想要一袋牛奶，于是营业员给了他一袋低糖牛奶。

那么，你知道营业员是怎么知道词词想要低糖牛奶的吗？

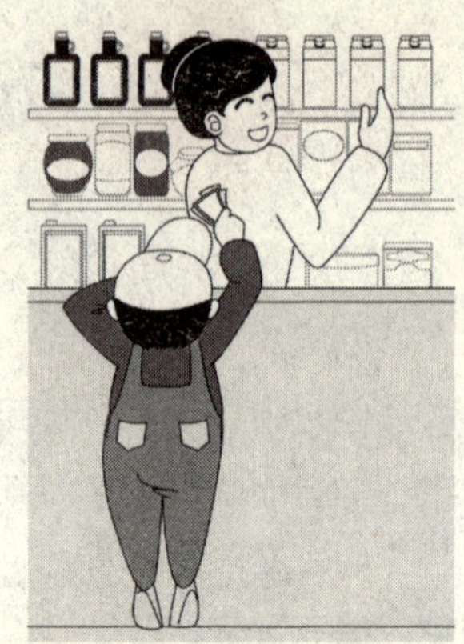

267 停了几站

一辆驶入车站的公共汽车上有 16 名乘客，在车站有 4 人下车，4 人上车；下一站有 10 人上来，4 人下去；再下一站 11 人下车，6 人上车；再下一站有 4 人下车，4 人上车；再下一站 8 人下车，15 人上车。

公共汽车继续行驶，到下一站时，6 人下车，7 人上车；再下一站有 5 人下车，无人上车；再下一站有 1 人下车，8 人上车。

那么，这辆车共停了几站？

268 好坏丫鬟

古时候，一个江南富豪有 10 个侍妾，而且每一位侍妾身边都有一个坏丫鬟。虽然她们都知道有一个坏丫鬟在其他侍妾身边伺候，但由于侍妾之间的关系很不好，所以她们都不清楚自己身边的丫鬟是不是坏人。

富豪知道后，告诉自己的侍妾她们身边至少有一个坏丫鬟，要求她们在十天内查清楚哪一个是坏丫鬟并将坏丫鬟赶出府，如果有人知道了又没有把坏丫鬟赶出去，那就把侍妾赶出去。

富豪为这件事还特意在院子中立了一块石板，如果哪位丫鬟被赶了出去就会写在石板上，可是都过去九天了，在第十天早晨仍然没有任何丫鬟被赶出府的消息。

那么，接下来会发生什么呢？

269 巧分白糖

现在有一个天平，虽然这个天平没有标出尺码，但是却有一个 7 克的砝码和一个 2 克的砝码。天平旁边还有 140 克的白糖，请问：如何用给出的东西将白糖分成两份，一份 90 克，另一份 50 克？

270 巧妙进入城堡

在一个小岛上，有一座城堡，城堡的主人脾气古怪。他规定不许外人进入城堡也不允许自己的人出去，于是他命令手下一定要看好城门。而他的手下对主人忠心耿耿，每十分钟就巡查一次，看是否有人破坏规矩。一天，威廉有要紧事必须要进入城堡，可是看守的人就是不让他进去。后来威廉想了一条妙计，趁看守人不注意的时候溜了进去。

那么，威廉是怎么进去的呢？

271 房子的位置

地球上有一个奇怪的房子，如果你想确定四个方向而围绕着房子走一圈，你就会发现房子四周的方向都相同。那么，房子盖在哪儿？

272 爆胎的车子

朵朵刚学会开车没多久，有一天她开着车去拜访朋友，走到半路的时候忽然车子爆胎了。当朵朵将轮胎上的 4 个螺丝拆下来准备拿备胎时，由于起身过猛没站稳从而把四个螺丝踢到了下水道里。那么，朵朵如何将车安全地开到最近的修车点？

273 果农过河

有一个果农将新摘的李子拿到集上去卖，途中被一条小河拦住了。这条小河上有一座小木桥，距离水面 0.2 米，并且这座木桥只能承受 60 公斤的重量，但是果农本身就重 50 公斤了，他的李子也有 50 公斤重。那么，这个果农能一次就过去吗？

274 盲人巧辩衣服

有两个盲人在逛商场的时候，每人买了一件衣服，分别是黑色和白色。由于没有多余的袋子就把两件衣服放到了一起，回家后才发现他们已经分不出哪件衣服才是自己的，因为这两件衣服除了颜色不同以外，其他的如质地、大小和款式都一模一样。那么，你有什么办法可以帮他们分开吗？

275 孩童解难题

有两名老师在办公室里互相出题来考对方，两人凭自己的智慧和经验巧妙回答了对方的难题。这时，甲老师拿出了一根绳子和一把剪刀说："你能只用剪刀从绳子中间剪开，最后还能得到一根绳子吗？"乙老师实在想不出来，正当他打算放弃的时候，这时一位同学说话了："我帮你做吧，老师。"然后在众位老师面前，这位同学成功解决了甲老师的问题。你知道他是怎么做的吗？

276 怎样过河

心心带着一只猫和两条鱼回家，路上被一条河挡住了去路。河上面没有桥，只有一条船，但是船很小，她一次只能带一只猫或一条鱼过河。那么，怎样才能把小猫和鱼安全无恙地带过河呢?

277 平均分油

有两个瓶子，一只瓶子里有多半瓶油，另一只瓶子是空的。那么，在没有任何工具辅助的情况下，如何将油平均分配?

278 平分蘑菇

有两个小女孩找到了一堆蘑菇，但是因为分配不均吵了起来，后来她们就让李老师帮她们分配。果然，李老师想了一个好方法，把蘑菇分好后，两个小女孩高兴地带着蘑菇离开了。

那么，李老师想了一个什么方法呢?

279 半瓶啤酒

我们常见的啤酒瓶下半部均是圆柱形的，大概是全瓶高度的$\frac{3}{4}$，而不规则的上半部是全瓶高度的$\frac{1}{4}$。现在，这样的一个啤酒瓶里装有一点普通啤酒，请问：如何在一根直尺的帮助下得知瓶子里的酒是整个瓶子容积的多少?

280 巧分果汁

有七个杯子装满了果汁，有七个杯子装有半杯果汁，还有七个空杯子，将这些杯子分给三个人要保证每一个人得到的杯子数和果汁都一样。请问：如何分？

281 诡计多端的地主

以前，木棉村有一个地主，他让一个木匠给他修理房屋，然后给木匠 150 钱当做工钱。可是修好房子后，地主却没有立即给钱，而是将 150 钱放到了桌子上，然后说："如果你能猜到我现在正在想什么，这 150 钱你就可以拿走了，反之，这钱就不能给你。"

那么，你能帮他想到什么好主意拿回自己的工钱吗？

282 聪明的狼

一只狼已经好几天没有进食了，身体瘦得都只剩骨头了。终于，这只狼在一个村庄里发现了一只大肥羊。这只肥羊被关在一个笼子里，虽然狼可以从笼子的缝隙中钻过去，但是如果他钻进去吃了这只肥羊，那它就不能从笼子里出来了。可是这只狼实在太饿了，它太想吃掉这只肥羊了。那么，你有什么办法能让狼吃到羊而又不被猎人逮住呢？

283 捕小鸟

果果在院子里玩儿的时候，看见一只小鸟不小心钻进了一个小洞里出不来了。这个洞小得连手都伸不进去，但是如果用树枝的话有可能会使小鸟受伤。你能帮果果想个办法让小鸟从洞里出来吗？

284 智分红枣

在大枣成熟的季节，老师带领同学们到山里摘枣吃。同学们一边摘枣一边唱歌，每个人都很快乐。这时，老师突然对同学们说：“如果现在有 1000 个红枣和 10 个包，让你们把这 1000 个红枣分别装到这 10 个包中，每个包里你愿意装多少就装多少。不过有一个条件就是当你们都装好后，我会说出一个数字，这个数字在 1~999 的范围之内，你们就把符合数字的整篮子红枣拿来，但不允许临时拆零。”很多同学都不知道如何做才能符合老师的要求。只有芝芝做到了。请问：芝芝是怎么做的？

285 狡诈的商人

幸福镇上有一个狡猾的商人，他在镇上开了一家珠宝店。有一天，伯爵夫人的钻石手链坏了，需要到珠宝店进行修理。伯爵夫人对商人说：“我手链上的钻石从上到下有 12 颗，从上到分叉的中间点，再往左往右也各是 12 颗。”

当伯爵夫人来取修好的钻石手链时，以她说过的方法核实了一遍，钻石没有少，于是她就放心地回家了。可事实是，珠宝店商人偷了她两颗钻石，你认为商人是怎么做到的？

286 如何调表

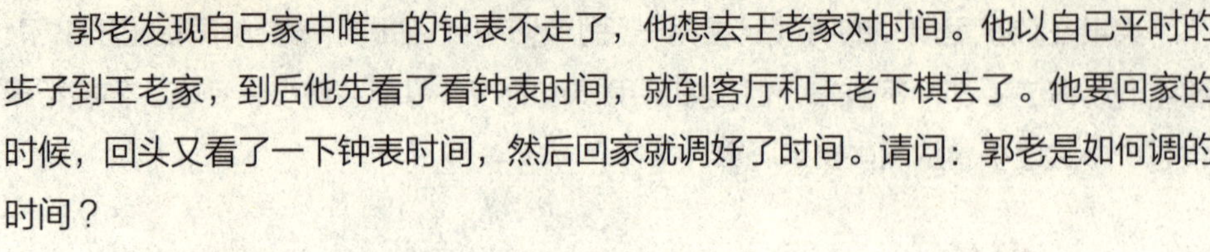

郭老发现自己家中唯一的钟表不走了，他想去王老家对时间。他以自己平时的步子到王老家，到后他先看了看钟表时间，就到客厅和王老下棋去了。他要回家的时候，回头又看了一下钟表时间，然后回家就调好了时间。请问：郭老是如何调的时间？

287 英雄雕像

为了纪念一位英雄，某市决定为他雕刻一座石像。雕刻完成后的石像，要放在这个城市最大的广场台座上。可是整个石像的底部全是平的，而且石像体型巨大，需要用结实的绳索将石像的周围和底部捆绑起来，否则不可能抬起。

那么，等将石像放到台座上后，底部的绳索如何抽出来?

288 意外的选择

古时候，有位员外想给自己的儿子找一名德才兼备的教书先生，一个月有十两工钱。消息发出去后，有很多人来应选。经过第一轮考试后有两个年轻人留了下来，一个是举人，另一个是秀才。在第二轮考试前，员外分别给了两人 50 粒麦种，并说："你们将这 50 粒麦种拿回家播种，等秋收以后以麦子的数量来决定录取哪一位。"

等麦子成熟收割后，两位考生来到了员外家，举人让人挑着担子来交麦子，而秀才却只端着一只碗过来。员外问他："你为什么就收了这点麦子？"书生回答说："您给的 50 粒麦种中，只有五粒发芽了，所以只能收这么多。"

大家都以为举人肯定被录取的时候，员外却意外地宣布由秀才担任儿子的老师。大家都很不解，那你知道为什么员外会选秀才吗?

289 九尺高的观音像

古代，有一家画店的老板老实忠厚，对朋友又比较仗义，但是却不小心得罪了当地的县官。于是县官大人一直想找个机会教训一下画店老板。一天，县官大人来到了画店，拿出一张五尺的宣纸对老板说："巡抚大人有令，让你在这张纸上画一个九尺高的观音，而且要在一天之内完成。"老板听完就傻了，五尺的宣纸怎么可能画九尺高的观音呢？正在老板为难的时候，他的徒弟走到桌前，将纸展开，不到一会儿就完成了。旁边的人看后都说好。第二天，老板将画送到了县衙，县官看后无话可说，就只好这样算了。

那么，你知道这个徒弟是如何画的吗？

290 得到多少金币

有一个大臣用计击退了敌人，国王非常高兴，决定好好地奖赏他，就对大臣说："这个罐子里放有 101 颗完全一样的圆球，其中 51 颗是黑色的，另外 50 颗是白色的。现在我让你把眼睛蒙上去取球，不计数目。假如你拿出来的黑球和白球的数量一致，我就赏你相同数量的金子。假如数量不一致，你就不能得到金子。"

这时有人偷偷告诉大臣，拿两颗圆球就有一半的机会获得金子。不过，你能帮大臣想到更好的办法吗？

291 倒黄豆问题

阿发往一个袋子里装黄豆，然后用绳子将袋子中部绑紧后，又往袋子里装玉米。在不借助任何容器，也不将袋子捅破的前提下，阿发可以将袋子里的黄豆倒入另一个空袋子吗？

292 厌学的孩子

小闯喜欢玩游戏而不喜欢学习。期末考试快要来临的时候，爸爸对小闯说：“一个星期内，不许再玩儿游戏了，要好好学习，而且每天至少要学习两个小时。”小闯虽然不喜欢学习但是不敢违抗爸爸的话，只好天天逼着自己学习。但是他想出了一个好方法，结果一周内，少学了不少小时。那么，小闯这周学了几个小时呢？

293 可怜的日本军官

二战时期，很多国家都对日本和日本人有抵触情绪。有一天，一个朝鲜人、一个日本军官、一个漂亮女子和一个老妇人同坐在一辆火车上，在过隧道的时候，由于火车上的灯坏了，所以火车里漆黑一片。突然，大家听见亲吻的声音，接着就听到巴掌打在脸上的声音。火车很快就从隧道里出来了，大家看见日本军官的脸上有一块鲜红的手掌印。

老妇人心想：“活该，小姑娘就应该教训这个坏人。”姑娘想：“日本军官没有吻我，难道吻的是那个朝鲜人或老妇人吗？”而那个日本军官心里很委屈地想：“我什么都没做啊。”

那么，你知道是怎么回事吗？

294 怎样发牌

有四人在家里打牌，他们打的牌是扑克牌，一共有 54 张，在第二轮发牌发到一半的时候，有人出去接了一通电话，然后大家就不知道发到谁了。通常情况下我们都是先数一下各自手中的牌，然后再确定给谁发牌。但是，你能在不数牌的情况下，继续发牌，并且结果和数牌后再发牌的结果一样吗？

295 窃贼斗恶犬

小偷阿三发现郊外有座别墅，中午的时候这座别墅经常没有人。别墅的四周有围墙，高 150 厘米，而且只能通过一条小径进入别墅。不仅如此，别墅里还有一只用链子拴在大树上的狗，这只狗异常凶猛。别墅的门窗都在恶狗的看护范围之内。但是，小偷仍然躲过了恶狗进入了别墅内。你知道他是怎么做到的吗？

296 次品

一家工厂专门从事台球生产，他们工厂生产的每个球都符合标准重量。在某次质检过程中，一名工作人员发现在四个台球中，有一个台球的重量与标准重量不符，这个台球的重量比其他合格品要重一些。假如，现在让你用天平找出这个不合格台球，而且只能称一次，你能做到吗？

297 聪明的前锋

在一场篮球选拔赛中，甲队和乙队正在进行最后时段的比赛，目前甲队高出乙队两分，但是甲队要高出乙队六分才可以入围。现在距离终场只剩下八秒了，甲队想在这八秒中得四分，明显不可能。甲队有一个前锋，经验丰富，他在这关键时刻做了一件非常古怪的事，使甲队赢了这场选拔赛。你知道前锋是怎样做的吗？

298 取出白球

有一个直径均匀的、透明的、柔软的、两端开口的塑料管，现在塑料管内有九个大小相同的小圆球，六颗黑色的，三颗白色的。塑料管只能勉强通过一个小圆球，假设不先取出黑球，又不弄断塑料管，有什么好方法可以拿出白球？

299 哑口无言的财主

从前，乡里有一名财主，总以为自己无所不知。某天他对邻居们说："如果你们当中有人因为说谎而让我也说出一个'谎'字，我就把财产给你一半。"

乡里人听说后，都跑到财主家说谎，但是没有一个人能赢得财主的一半财产。因此，财主越发自大了。后来有一位木匠知道了这件事，决定好好治治财主，于是他就对财主说："你家的房子是我盖的吧。"财主刚要说木匠在说谎，但为了他的财产还是忍住了，说："是。"木匠接着说："你还没给我工钱呢，一共 150 两黄金，我今天就是来要工钱的。"财主没话说了，想了一会儿，忍痛给了木匠 150 两黄金，把他打发走了。

那么，你知道财主为什么给了木匠 150 两黄金吗？

300 智取水壶塞

桌子上有一个玻璃杯子，里面有一半开水，而且里面还有一个不小心掉进去的水壶塞，水壶塞在贴近杯壁的位置。如果不碰玻璃杯和水壶塞，你能让水壶塞停在玻璃杯的中央吗？

301 如何分牛

有一个员外死后，他的三个儿子根据他的遗嘱，很快就把他的财产分了。可是，还有 17 头牛无法分，因为员外在遗嘱中说明这 17 头牛，1/2 给老大，1/3 给老二，1/9 给老三。但是 17 不是 2、3、9 的倍数，所以这三个儿子也不知道如何分。

正当三人犯难的时候，村里的聪明人过来了，当他了解情况后，很快就依照遗嘱分好了牛，并且没有一头牛被杀死。你知道他是如何分的吗？

302 怎样平均分饭

山上的寺院里住着三个和尚，他们三人每天轮流做饭，而且每天吃饭的时候由做饭的人来分饭。不过每次都有人觉得分饭的人有私心，自己给自己盛的饭比其他人多。他们很想改变这种现状，但是又想不出什么好主意。最后，他们找到了住持，请他来帮忙。住持不一会儿就想出了好办法，使得他们把饭分均匀了。你知道是什么方法吗？

303 用时最少

有一台袖珍型面包机，每次只能烤两个面包，而且只能烤一面，如果想烤另一面还得把面包翻过来才行。烤好一面需要一分钟，烤三片面包就要烤两次，需要四分钟，这样时间有点长。那么，你能用三分钟烤好三片面包吗？

304 开关的位置

李妈妈在市中心买了一套三室一厅的房子，在她家的两个房间里分别有三个电灯和三个电灯开关。每一个灯都有自己的开关，不受其他开关控制。如果李妈妈只能各进一次这两个房间，她要怎么知道哪个开关配哪个灯？

305 秀才的答案

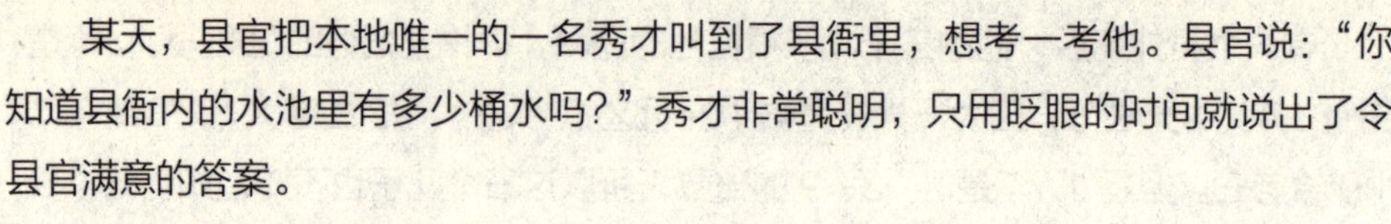

某天，县官把本地唯一的一名秀才叫到了县衙里，想考一考他。县官说：“你知道县衙内的水池里有多少桶水吗？”秀才非常聪明，只用眨眼的时间就说出了令县官满意的答案。

你知道秀才是怎么说的吗？

306 猫狗跨栏比赛

五个栅栏，每个高 1.5 米，并且栏与栏之间的距离均是 5 米。现在有一只猫和一只狗要跳过去。两只动物都需要助跑才能跨过栏杆，只不过狗需要 5 米，猫需要 3 米。第一个栅栏距猫 10 米，距狗 5 米，在比赛的时候，它们俩的速度是一样的。那么在比赛开始后，谁会第一个穿越栏杆？

307 盛雨的速度

有一口大缸，每当下雨的时候它就可以在 2 小时内盛满雨水。如果下雨的程度没有变化，只是雨下落的路线变成倾斜的，那么这口缸盛满雨水的时间会变化吗？是会变长还是变短？

308 黄色乒乓球

小雨想和小亮一起玩儿乒乓球，但小亮不想陪她玩儿，于是便提出用抓球来决定要不要一起玩。小亮说：“盒子里有两个乒乓球，一为黄色，一为白色，如果你能摸到黄色球，咱俩就一起玩儿，但如果球为白色，你就不能再让我和你玩儿乒乓了。”小雨表示赞同，但是在小亮放球的时候发现，他竟然放了两个白色的球，如果这样，她肯定就玩儿不了乒乓了。你猜小雨会怎样做呢？

309 发财的秘方

甲、乙两国互为邻居，因为战争的缘故，两国关系比较好。他们的货币不但可以通用还能等价交换。即甲国的 100 铢可以换乙国的 100 铢。后来，日子逐渐趋于和平，又因在某些方面意见不同，因此甲国告知民众，乙国的 100 铢只能换甲国的 90 铢。而与此同时，乙国也发表声明，甲国的 100 铢只能换乙国的 90 铢。所以给两国人民带来了很大的不便和损失。但是，有一个人却借此赚了一笔。那他是如何赚钱的呢?

310 轮胎的寿命

有一个司机是跑长途运输的，他的运输车是一辆三轮车，轮胎最多能跑 2 万里。现在他要跑的长途有 5 万里，那么，他如何用 8 个轮胎跑完全程?

311 经过 12 点的次数

有一块手表，现在的时间是八点整。那么，手表的秒针从八点整到九点整要经过十二点多少次?

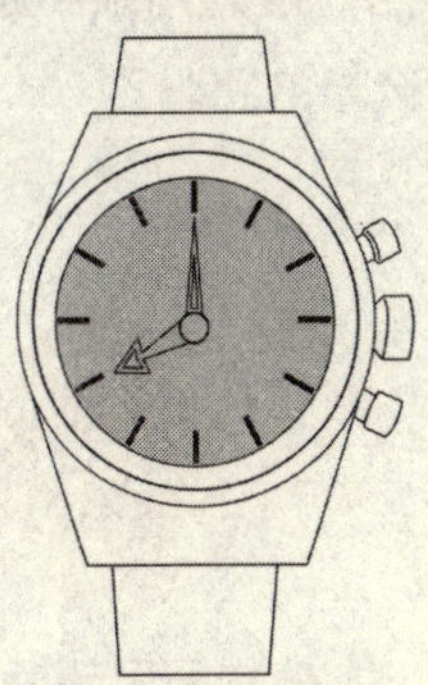

312 来回的时间

小刚要去市中心买东西，他先从家骑自行车到汽车站，然后乘公交车到市中心。途中没有坡道，在汽车站也没有等待，公交一出来就上车了，一共用了80分钟。

回来的时候走的同样的路线，而且也刚好赶上公交，可是到家一看表，却花了一小时又二十分钟，这是怎么回事呢？

313 买马的马客

有一个中原人，想带一些马到草原去卖，他买了 500 匹马，一共用了 500 两银子。一匹母马 10 两，一匹公马 5 两，一匹小马半两，从关内走到关外要用 3 个月。开动脑筋想一想，他的 500 匹马分别是什么马才能让他获得最大的收益？

314 不交叉的道路

一个小镇上住着三户人家，但他们从不往来。他们各自的位置如图所示，大房子的主人从家门口修了一条封闭式小路，只通到图中下方，右边房子的主人也修了一条通往左边大门的路，左边房子的主人修了一条通往右边大门的小路。但是，他们修的几条小路都没有交叉。你知道他们是怎么修的路吗？

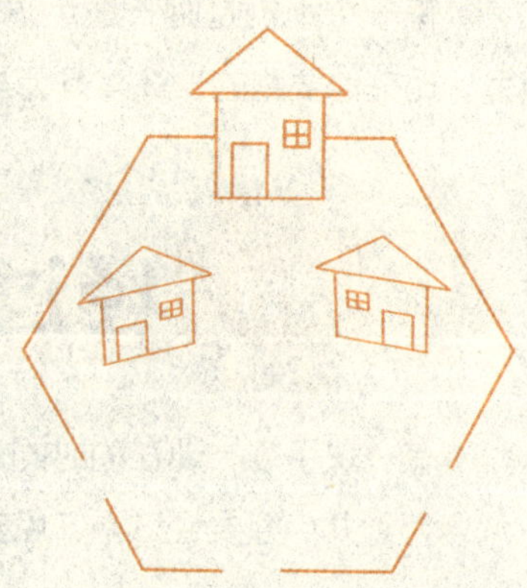

315 巧移巨石

植物园里新添了一些漂亮的岩石，最大的一个有 15 吨重，就算一些小岩石也有 150 公斤。园艺师傅想更好地放置岩石以使他们看起来更加好看，他想将最大的那块岩石放到小岩石上去。但是，这块岩石实在是太重了，自己没有搬起来。正好，路过的游人看见了，不一会儿就把这块大岩石弄好了。那么，这个游人是怎么做到的呢？

316 扔硬币

秀秀手里拿着一枚一元钱硬币，并向上扔了 15 次，可是每回朝上的都是有字的那面。秀秀想再试一下，那么，有字的那面朝上的几率是多少？

317 货船巧过桥洞

有一条货船满载着货物在江上行驶，忽然在桥洞前停了下来，因为货物装得太高，比桥洞都高出一厘米，因此一时无法通过。但是，不巧的是，这条船上的货物都是整装的，不可以卸掉。那你有没有方法可以使船在不卸货的情况下通过桥洞吗？

318 巧过隧道

张师傅要在傍晚的时候把集装箱送到港口，可是在过隧道的时候，汽车不能前进，原来集装箱上端的两个角刚好卡在了圆拱形的隧道口上。集装箱是正方形的，不管怎么放都不能前进。后来，张师傅想到一好方法，顺利通过了隧道。那么，你知道是什么方法吗？

319 潮涨潮落

可可从小就喜欢大海，尤其喜欢看潮涨潮落。终于在暑假的时候，妈妈带可可去海边玩儿，可可特别想知道海水每次涨潮，一小时会涨多少。后来可可就在船舷上放下一根绳子，在上面绑了 10 个手帕，两个临近的手帕之间有 20 厘米的距离，可可还将一根铁棒也绑在了绳子下面。把绳子放下后，最下面的一个手帕正好可以碰到水面。

涨潮时，可可带着表跑去看绑在绳子上的手帕并计时。请问：可可能知道潮水每小时涨多少吗？

320 中了几枪

一人从 30 米外对面的房顶用消音手枪将住在某旅馆的一位女士杀害了，被枪杀的女士胸部和腿部都有子弹射击的痕迹，具体是大腿被高速飞来的子弹打穿，胸部也留有子弹，从迹象看这位女士好像中了两枪，但关着的窗户上只有一个弹洞。这到底是怎么回事，被害者一共中了几枪？

321 天平的倾向

房间桌子上有一个天平，天平的两边放着一个冬瓜和一大块冰，现在天平处于平衡状态。此时房间温度是 39℃并且一直保持如此。请问：如果在这种情况下天平一直就这样放着，最后天平会倾向哪一边？

322 变大的纸箱

福尔公司最近碰到了一件麻烦事，公司以前制作的箱子可以放 48 瓶纯净水，每排八个一共六排。不过客户要求把箱子改成能放 50 瓶纯净水，因为这样容易计算。为了满足客户的要求，需要重新做箱子，那这样已经做好的箱子就没用了，会给公司带来不小的损失。不过一个工人说原来的箱子也可以放 50 瓶纯净水，并当众做了示范。那么，你知道他是怎么放的吗？

323 报纸的头条

邦德犯了连环杀人罪，在法庭上经过陪审团的裁定，邦德被判处死刑，三天后执行。闭庭后，法官在自己办公室喝咖啡时收到一份晚报，头条竟然是：“邦德被判处死刑，大快人心。”法官觉得很惊讶，为什么报纸能如此快地就把刚发生的事报道出来。请问：报社是如何做到的？

324 如何平分名酒

有三个朋友共同出资开了一家酒吧，但因经营不善，酒吧关闭了。现在有 14 瓶拉菲，其中有七瓶没有开启，而另七瓶还剩半瓶酒。如果不考虑是不是完整，只是不改变现在每瓶装的酒量，那么要如何分才公平？

325 小木匠建庙宇

从前有一个小木匠跟着师傅到密林中修筑寺庙。某天，小木匠陪师傅在山上散步，当他们走到一棵古柏和一块大石头前时，小木匠说：“如果在石头上再建一座庙就更好了。”不料，师傅听见后说：“好，有志气，那你就试着在石头上修建一百一十座寺庙吧。”这时，小木匠愣了，心想：“就算这块石头很大，但也盛不下那么多寺庙啊。”

一连几天，小木匠都不知怎么建造，愁得人都瘦了一圈。某天吃完早饭后，小木匠又来到山上，看着大石块不知如何是好。忽然，他蹦了起来高兴地说道：“我知道怎么建造一百一十座寺庙了。”

等小木匠将自己的想法告诉师傅后，师傅直夸他聪明。那么，你知道方法是什么吗？

326 数字成语

用成语表示下面的数字。

3.5（　　　　）

2+3（　　　　）

333 和 555（　　　　）

9 寸 +1 寸 =1 尺（　　　　　）

1256789（　　　　　）

12345609（　　　　　）

327 放大后的角

有一只放大镜可以把东西放大到原来的两倍，如果用这样一只放大镜观察一个 30° 的角，会看到多大的角？那如果是 10 倍的放大镜呢？

328 老师的争论

办公室里有两名数学老师因为一个等式争吵了起来，甲说："这个等式是正确的。"乙反驳道："这个等式是完全错误的。"但事实上，这个等式是一位 6 岁的小孩写的，特别简单，为什么两个老师会对这样一个等式意见不同呢？

329 裁缝的伎俩

有一个特别小气的人到裁缝的店里做衣服，但是他怕裁缝偷他的布，就一直守着裁缝。后来裁缝实在不耐烦了，就说："你看，这布有 9 尺，我可以偷 8 尺而不被你发觉，而且还能照着尺码给你做成衣服。"那个小气人不信，于是两人就打赌：如果裁缝输了就不收钱，而小气人输了就要付三倍的工钱，最后小气人输了。你知道裁缝是怎么做到的吗？

330 不见的 10 元

过春节的时候，依照风俗，长辈会给晚辈们一些压岁钱。大年三十晚上，两个父亲都拿了一些钱给了自己的儿子，其中一个儿子收到了父亲给的 20 元，而另一个儿子收到了10元。可是，两个儿子却说，他们俩一共收到了20元。那么，这10元去哪儿了？

331 南北战争的贡献

有人说，南北战争虽然残酷但也有一定的积极作用，因为南北战争减少了许多国家和地区发生干旱的情况。你知道这是什么原因吗？

332 神奇的魔术

一位魔术师在表演完几个小难度的魔术后，从身后拿出了一个黑色袋子说："这里面有四个小球，这四个小球不论在颜色、大小还是其他方面都是一样的。现在请一个观众从袋子里随便拿出一个小球，然后再放进去，这一拿一放的过程我都不会看，但我可以准确找出他选的球。"请问：他能吗？

333 银行技能大赛

银行的技能大赛有多种项目，其中有把眼睛蒙上然后用双手辨别钱的真假的，有在很短的时间内凭自己的眼睛在大量的钱中将假钞找出的，还有比谁数钱最快等。其中有一个比赛项目是，在两名选手面前分别放一个箱子，每个箱子中有一元和两元的钱，一共价值100元，并且两名选手都被蒙住了双眼，要求把两种不同面额的钱分开。一个选手只用了几分钟就完成了，而另一个选手却用了整整一个小时。这是怎么回事呢？

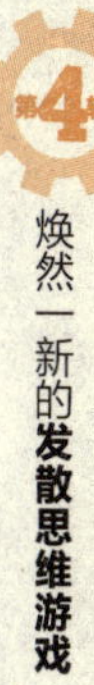

334 行人的数量

有几名乘客乘坐了一辆大巴。在第一站，全体乘客的 1/6 下车；第二站，全体乘客的 1/5 下车；接下来，每次到站下车的乘客依次是全体乘客的 1/4、1/3、1/2，到终点站时，所有的乘客都下车了。那么，如果这辆大巴没有在中途载客，那么一开始乘坐大巴的人最少有多少？

335 错误在哪里

如果一个人做事不用心不负责，那么就会犯很多错误。小九说的这句话就有四个错误。你能找出这四处错误在哪儿吗？

336 美国留学生的难题

彼得、大卫、保罗和詹森四个美国人到德国留学，有一天他们在一个城市游览，而且在这个城市多种语言都可以使用。彼得精通德语和日语；大卫精通意大利语和韩语；保罗精通泰语和德语；詹森精通西班牙语和越南语。

这时候彼得看见一个用日语写成的指导牌，就用德语向保罗解释了牌子的内容。请问：彼得和保罗要如何才能将牌子的内容告诉其他人？

337 打败冠军的法宝

某天，有三人在俱乐部玩儿，甲是出租车司机、乙是全国围棋冠军、丙是羽毛球冠军。三人痛快地玩儿了一下午，晚上吃饭的时候，甲对身边的人说：“今天，我打了羽毛球、下了围棋，不仅如此我还战胜了羽毛球冠军和围棋冠军。”身边的人充满怀疑地说：“他们肯定都在让着你。”可是乙和丙都很诚实地回答道：“我们已经尽全力了。”大家都很好奇甲是如何赢的。你知道吗？

338 不公正的比赛

有一对兄弟，吃完饭后，两人都不想刷碗，于是他们就用划拳来决定，输了几次就洗几次碗。他们采用的是剪刀、石头、布的方法，但是两人总是出相同的动作。这时哥哥对弟弟说：“我们换一种玩法，只用石头和剪刀，如果我们出的是相同的动作，那么是两个石头的话就是我赢，两个剪刀的话就是你赢。”弟弟很赞同哥哥的提法，于是重新开始划拳，请问在 20 次猜拳中弟弟会赢吗？

339 轮胎前进的距离

赵先生在海滨城市旅行的时候，碰到了他的老同学。下面是两人的对话：

老同学：从哪儿来的啊？

赵先生：从家里来，从家到这个城市有 100 公里。

老同学：这轮胎是刚换的吗？看起来挺新的。

赵先生：嗯，在出发的时候换的，我在路上都没有停，这轮胎才跑了大约一公里？

从上面可以看出好像赵先生的话存在矛盾，可是他说的都是真的。你能说出原因吗？

向左向右

甲、乙两人同在一个公司上班，又在同一条街居住，所以总是一起上班。但是他们两人总是一出家门就一个向左走一个向右走。你知道是什么原因吗？

341 火场自救

有一种火灾救生器是这样救人的，在滑轮的两端各用绳索挂着两个篮子，其中一个篮子下去，另一个就会上来。如果一个篮子里有东西，那么就可以把一个较重的东西放到另一个篮子里送下去。假设，其中一只篮子是空的，只要另一只篮子的重量少于 30 磅就能安全降落。如果两只篮子都有重物，那么这两样东西的重量差异不能超过 30 磅。

托尼有一个幸福的家庭，可是不幸的是他家着火了，虽然有救生器并且两端篮子的空间足够大，3 个人 1 只狗放进去都没有问题，不过就不能再放别的物品了。狗和孩子们不能自己爬进爬出篮子，只能依靠托尼夫妇的帮忙。而托尼体重 90 磅，妻子 210 磅，孩子 30 磅，狗 60 磅。他们几个要怎样逃出火海?

不拘一格的演算思维游戏

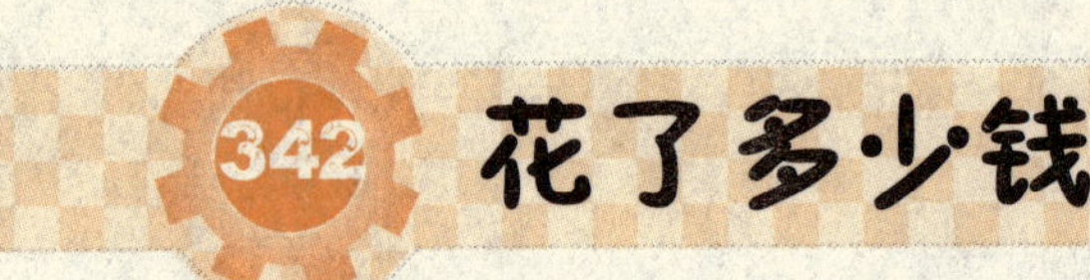

342 花了多少钱

小翔在学校附近的饭馆吃午饭，因为天气太热他又吃了雪糕，结账的时候付了6元，其中吃饭的钱比雪糕钱多5元。那么，你知道雪糕花了多少钱吗？

343 最多喝几瓶

一瓶矿泉水一块钱，而两个空瓶就可以换一瓶矿泉水。现在你有20块钱，请问：你最多可以喝几瓶矿泉水？

344 算式

在不改变下面式子顺序的情况下，在九个数字之间填上适当的运算符号，使式子的答案为100。

987654321=100

345 谁去买吃的

晚上，小眉和姐姐在家看电视，可是零食都吃完了，需要出去再买一些。但姐妹俩都不想出去，于是姐姐拿出15个5角硬币和1个1角硬币，对小眉说：“我们俩人分别从里面拿硬币，谁最后拿到1角的硬币谁就去买零食。不过她们需遵守一个规则，那就是每次拿硬币的数量不能超过3。那么，怎样才能不拿到1角硬币呢？

346 老工人的年龄

工厂里来了一名新工人，他想尽快熟悉工厂的情况和了解工厂的每一个人，于是经常看见他向其他工人请教问题。有一次，他问一个老工人的年龄，老工人告诉这名新工人，他已经在这个工厂里工作了 45 年，他比他的儿子大 27 岁，现在老工人的年龄的个位数和十位数对调一下就是他儿子的年龄。

那么，这个老工人多大了呢？

347 损失的钱财

有一天晚上，一位顾客来到了烤鸭店，拿出 100 元买一只烤鸭。可是烤鸭店的老板找不到零钱给他，于是就拿那张 100 元到隔壁的商店换了零钱。回来后，找给了顾客 88 元，因为一只烤鸭 12 元。顾客走了一会儿后，商店老板到烤鸭店找老板说：“你刚才和我换的那张 100 元是假币，你得给我换回来。”烤鸭店老板用真钱将商店老板的假币换了回来。

那么，你知道烤鸭店老板损失了多少钱吗？

348 糖果的数量

李老师结婚了，上班的时候，他带了一大堆糖果要分给同事和学生们。在装糖果的时候他先在袋子里装了 10 个，结果装到最后剩下 9 个糖果。后来发现如果每个袋子装 9 个，就剩下 8 个糖果；如果每个袋子装 7 个，就剩下 6 个糖果；如果每个袋子装 6 个，就剩下 5 个糖果；如果每个袋子装 4 个，就剩下 3 个糖果；如果每个袋子装 3 个，就剩下 2 个糖果；如果每个袋子装 2 个，就剩下 1 个糖果。

那么，聪明的你知道有多少个糖果吗？

多少个台阶

阿珠和阿里在玩儿游戏，她们俩人是这样玩儿的：阿珠每步跳 2 个台阶，会剩下 1 个台阶；阿里每步跳 3 个台阶，会剩下 2 个台阶。阿珠算了算，如果每步跳 6 个台阶，会剩 5 个台阶；如果一步跳 7 个台阶，正好跳完。你知道有几个台阶吗？

350 不公平的游戏

甲乙两人都不想做饭但又不愿意出去吃，只好用掷骰子决定谁做饭。现在有两个骰子，他们每人用两个骰子掷一次，如果两个骰子上的数字之和是 3 或 4，就算乙赢；如果两个数字之和是 7 或 8，就算甲赢，而赢的那人不用做饭。

结果乙输了，只好遵守约定做饭了。第二天，乙忽然想到他上当了，那种掷法不公平。

那么，为什么不公平呢？

农田的大小

老站夫妇两人的年纪大了，没有足够的体力种地了，所以夫妇俩把地租给了邻居大亮。大亮租一年要支付老站 800 元以及一定量的粮食。这个时候，每公斤粮食可以卖 0.75 元，这样的话，大亮每亩地需付租金 70 元，觉得挺划算的。但是交租金的时候，粮食价格上涨了，变成每公斤 1 元了，所以一亩地大亮要支付的租金变成了 80 元。

请问，你知道这块地有多大吗？

数四字

你知道 0–99 这 100 个数字中有多少个 4 字？

353 老虎的重量

森林里正在召开每月一次的动物大会，有一只小白兔觉得无聊，就对旁边的另一只兔子说：“我给你出一道题吧，看看你有多厉害。”另一只兔子听后就同意了。兔子说：“如果每一种动物的重量都相同，3 只狗的体重加上 1 只狮子的体重和 10 只狼的体重相等，6 只狼的体重加上 1 只狗的体重和 1 只狮子的体重相等，那么，1 只狮子和几只狼的重量相等呢？不过，另一只兔子比较胆小，一听是和狮子有关，就吓得不敢计算。那么，你能帮这只小白兔算出来吗？

354 不找零

雪儿拿着 4 枚硬币到小卖部买扣子，扣子的种类很多，而且每个扣子的单价都不相同，有 1 角、2 角、3 角……1 元。雪儿可以买其中任何一个扣子而不用小卖部老板找零。你知道雪儿的硬币是哪几枚吗？

355 饭店的客人

有一个服务员到后厨的时候看见洗碗工在洗碗，她知道楼上来了一批客人，但不知道有多少人，于是她就向洗碗工询问，洗碗工说：“我一共要清洗 65 个碗，他们两个人用一个盛饭碗，三个人用一个素菜碗，四个人用一个荤菜碗。”

那么，你知道楼上那批客人有多少人吗？

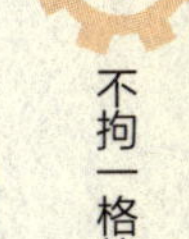

356 分工明确的农场

塞外草原上有一个很大的农场，里面住着 99 个人。管事的有 8 人，他们只负责管理而不需要劳动。剩下的人中，做农场杂活的有 77 人，另外还有 77 人负责生产。

那么，在这些人中，有多少人既要负责生产又要负责杂活呢？

357 等式的单位

5（月）+7（月）=1（年），试试在下面的数字后填上合适的计量单位，让其成立。

300（　　）+700（　　）=1（　　）

240（　　）-24（　　）=9（　　）

358 年轻的母亲

一位年轻的女子送孩子到幼儿园上课，旁边的老师和家长都以为她是孩子的小姨。但是那个孩子叫这名女子为妈妈。所以大家都很好奇这名女子究竟多大了。

那小孩很聪明，他说：“我妈妈四年前的年龄是我的七倍，现在她的年龄是我的四倍。”

那么，你能猜出孩子妈妈的年龄吗？

359 野餐人数

霍尔和朋友们正在河边野餐，只见所有人都站起来了，他们围成了一个圈，然后绕着河边逆时针方向走动，每个人都是一边唱一边走还一边跳舞，引得河边其他人纷纷驻足观看。这时候，霍尔发现走在自己前面的人的数量的 1/5 和走在自己后面的人的数量的 5/6 相加，刚好是所有在场的人。

那么，你知道到河边野餐的有多少人吗？

360 结果递增的等式

12345679×（9）=111111111；12345679×（18）=222222222，那么在下列括号内填入合适的两位数使等式成立。

1.12345679×（　　）=333333333

2.12345679×（　　）=444444444

3.12345679×（　　）=555555555

4.12345679×（　　）=666666666

5.12345679×（　　）=777777777

6.12345679×（　　）=888888888

7.12345679×（　　）=999999999

361 符号的妙用

在下面的图中，填上加减乘除和括号使等式成立。

5555=1

5555=2

5555=3

5555=4

5555=5

5555=6

362 成立的算式

在下面式子的适当位置填入“+”号使等式成立。

88888888=1000

363 算术题

在下面的算式中加上运算符号，使等式成立。

12345=1

12345=2

12345=3

12345=4

12345=5

12345=6

12345=7

12345=8

12345=9

12345=10

364 奇数之和

如果让你用 8 个奇数相加得 20，你能找出几种？

365 爬行的蜗牛

有一个正三角形，它的每个角上都有一只蜗牛，每只蜗牛朝另一只蜗牛直线运动，它们爬行的方向是随机的。你知道蜗牛互不相遇的几率是多少吗？

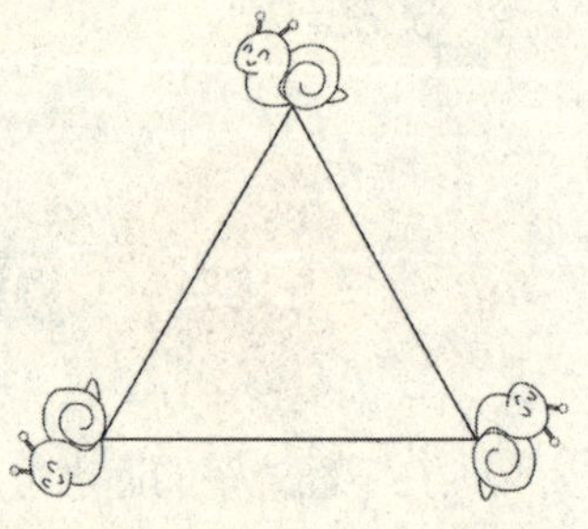

366 残缺的等式

在下面不完整的算式中填入运算符号使它成为真正的等式。

3、4、5、6=13

7、8、9、10=125

11、12、13、14=140

367 钓鱼的数量

一人钓鱼技术特差，但他还偏爱钓鱼，所以他每次钓到的鱼都很少。一天他从河边钓鱼回来，路上碰见总是取笑他钓不到鱼的邻居，当邻居问他钓到多少条鱼的时候，他说："6 条没头的，8 条半截的，9 条没有尾巴的。"邻居听后想了想，但还是不知道他钓到了几条鱼。

那么，你知道吗？

368 鸭的重量

爷爷今天买了鸡、鸭、鹅各一只，总重量 10 斤。爷爷对塞塞说："一只鸡和一只鸭一共重 6 斤；一只鹅和一只鸭一共重 8 斤。那么，你知道一只鸭多少斤吗？"

369 分成几段

有一个木棍 31 厘米长，将它截成几段，然后再用这几段组成 1-31 厘米中的任意长度。请问：最少截成几段？

370 得了零分

阿地学习不好，妈妈给他找了一个家庭教师。下午补课的时候，家庭教师说："这里有 30 道题目，答对一个得 7 分，做错一道扣 3 分。如果你能及格，晚上就不用再补课了。"

结果 30 道题做完，阿地得了 0 分。那么，你知道他答对了多少道题吗？

371 星期几

公历 1978 年 1 月 1 日是星期日。请问：公历 2000 年 1 月 1 日是星期几?

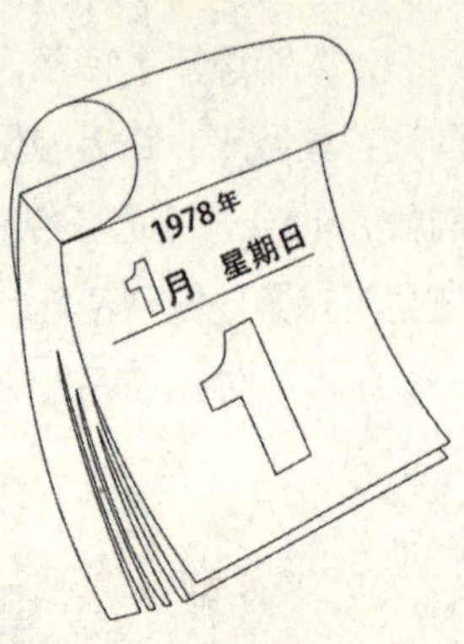

372 爱学的孩子

有一特别喜欢数学的孩子，在刚刚学完关于角度的知识后，他就带了一个量角器，从某个点出发往前走了 1 米，接着向左转 15 度；又往前走了 1 米，又向左转 15 度。

如果他就按照这种方式走下去可以回到最初的点吗？如果可以，这个小孩一共走了多少米?

373 现在的年龄

兄弟三人在春节的时候收到了爷爷奶奶给的水果，每一个人收到的水果数目等于他四年前的年龄。老三比较顽皮，他向哥哥们提出重新分一次水果。老三说："我只留下自己一半的水果，你们俩可以分另一半；然后二哥也留下一半水果，另一半分给我和大哥；最后，大哥也是一样，自己留一半，另一半分给我和二哥。"

两个哥哥赞同他的提议。水果重新分过之后，三个人的水果数相等了，每个人有 8 个。

那么，你知道三兄弟现在多少岁了吗?

374 最小的数字

在不运用任何其他符号的情况下，你把 1、2、3、4 四个数字组成最小数字，并且这四个数字只能各使用一次。你能做到吗？如果可以，有多少种呢？各是哪几种？

375 点头的次数

韩国有一家公司，其中有 10 个女员工，10 个男员工，还有一个经理。每天上班的时候，每一位员工都要向其他员工和经理点头敬礼。

你知道这个公司的所有员工每天上午一共要点多少次头吗？

376 相差的工资

张小姐到几家公司面试完后发现，她想去的两个企业很相似，只有计算工资的方法不同：甲企业半年工资 5 万，每半年工资增长 5000；乙企业一年工资 10 万，每一年工资增长 2 万。她不知道应该选择哪一家企业，如果只考虑工资，你认为张小姐去哪一家得到的工资比较多？

377 打猎的数量

有猎户六人结伴去打猎，回来的时候整理各自的猎物，他们发现：A 和 B 一共打了 11 只兔子；B 和 C 一共打了 17 只兔子；C 和 D 一共打了 11 只兔子；D 和 E 一共打了 33 只兔子；E 和 F 加起来一共打了 53 只兔子；F 和 B 打了共计 32 只兔子。

你知道他们每个人各打了多少只兔子吗？

378 现在的时间

小罗最崇拜的人是华罗庚，他觉得数学是一门奇妙的学科，满脑子都是和数学相关的事情。有一天，同学棉棉的表不走了，她找小罗来问时间。没想到小罗说："1999 小时 2000 分钟 2001 秒后，我的手表正好是 12 点，这么说你明白了吧。"棉棉听到这么大的数字，当场脑子就晕了。那么，你能帮棉棉算出时间吗？

379 慈爱的老爷爷

在一个村庄里，住着一位老爷爷，他对村民特别慈祥，尤其是特别疼爱小孩子。老爷爷每周都要买相同数量的苹果分给小孩子们，这周分完苹果等小孩离开后，他对留下帮他打扫卫生的女孩说：如果这周你们来的人数比上周少 5 个的话，你们每个人就可以拿到 2 个苹果，但是你们来的人数没少，反而还多来了 4 个人，所以每个人分的苹果比上周少一个。"

你知道老爷爷买了多少个苹果吗？

380 自行车爱好者

小莲喜欢骑自行车锻炼身体。有一天，她骑自行车的时候，先在一段平路上骑了一会儿，然后骑上了一个不是很陡的山坡，到达山顶以后再按原路返回。小莲一共骑了 5 个小时，她在平路上的速度为 40 千米每小时，上山的速度是 30 千米每小时，下山的速度是 60 千米每小时。

你知道，小莲一共骑了多少千米吗？

381 鸵鸟下蛋

假设 10 只鸵鸟 10 天内可以下 10 个蛋。那么，你知道需要多少只鸵鸟才可以在 100 天内得到 100 个蛋吗？

哪种概率大

现在有两种抽取彩票的方法：一、从 10 张中抽取 2 张；二，在 100 张中抽 10 次，每次抽取 2 张，但是每一次抽完就要把抽出的彩票再放回去。那么，你认为这两种方法哪一种抽中大奖的概率比较大？

383 奇怪的数字

有一个数字，它和 100 相加所得的数是一个正整数的平方，然后所得的数与 68 相加又得到另一个正整数的平方。那么，你知道这个数是哪一个吗？

384 樱桃的数量

有 7 个老婆婆，每个人的胳膊上都挂着 7 个篮子，每个篮子里都放着 7 个小纸袋，每个小纸袋里都有 7 个樱桃。那么，你知道樱桃的数量吗？

385 1000 年后

有十个人在聚餐的时候不见有人落座，因为有人要求座位安排需按家世、有人要求按职业、有人要求按体重，大家意见都不统一，所以不知道如何坐。这时候，有人提议说：“我们随便坐吧，然后记住我们每个人的座位顺序，明天再聚餐的时候就按别的顺序坐，后天的话再换。总之我们大家每天都按不同的顺序坐，直到每个人都将所有的位置坐了一遍。如果某天我们又重新做到了今天这个位置上，我就请大家吃最好最贵的菜。”

这次大家都没意见了，各自坐了下来。过了十几分钟后，有人反应过来，大喊被骗了。

那么，你知道他要过多久才可能请人吃最贵最好的菜吗？

386 长度是多少

有一个绳子，上面标记了刻度。现在要用这个绳子来测量一块木板的长度。假如将绳子折成 3 折来测，那么就会有 6 米多出来；假如折成 4 折来测，那么就会有 2 米多出来。

你知道绳子和木板的长度各是多少吗？

387 不准确的钟表

小步家有一个钟表走得不准了，它每小时总慢 5 分钟。4 点的时候，小步将钟表和标准时间对准了。那么当标准时间到什么时候，这只不准确的钟表的指针才能指到 12 点呢？

388 我的年龄

有两个人在书店聊天，其中一人问另一人：“你今年多大了？”另一个人说：“我的年龄是我妹妹年龄的 5 倍，我妈妈的岁数是我的 5 倍，我爸爸的岁数是我妈妈的 2 倍，我们几人的年龄之和与我外婆的年龄相等，我现在是给外婆挑 81 岁的生日礼物呢。”

你知道他多大了吗？

389 变成水的冰

当水在零摄氏度以下变成冰的时候，体积会增加原来体积的 1/11，那么，你知道当冰化成水时，体积减少的是原来的几分之几吗？

390 分桃子

爸爸在回家的路上买了一些桃子，回家后，分给家里每人 1 个桃子，还剩 1 个桃子；分给每人 2 个桃子则还少 2 个桃子。请问：家中有几口人？爸爸买了多少桃子?

391 何时逃出井底

有一只小猫掉进了一口枯井中，枯井里既没有水也没有充饥的东西，小猫只有爬出去才能活命。这口枯井有 20 米深，小猫每天白天可以往上爬 2 米，但是晚上会下滑 1 米。那么，你知道这只不幸的小猫要多少天才能爬出来吗?

392 卖铅笔

品品暑假的时候没有回家，而是利用这段时间卖铅笔。品品的铅笔有三种，有 1 角一支的铅笔、1 角 5 分一支的铅笔和 2 角一支的铅笔。晚上收工的时候，品品发现今天进账 24 元 2 角 6 分，她马上就知道今天的钱出了问题。那么品品是怎么知道钱出错了呢?

393 巧分遗产

有一个女子刚结婚两年，丈夫就去世了。根据女子丈夫的遗嘱，财产归女子和他将要出生的孩子。如果生的是男孩，那么女子分得男孩份额的一半；如果生的是女孩，女子就分得女孩份额的两倍。可是，这名女子生了一对龙凤胎，一男一女。

那么，你知道财产如何分配，才符合遗嘱吗?

394 数字趣题

下面给出的数字中藏着两个数，其中一个是另一个的 2 倍，两数之和是 10743。请问两数是多少?

57135816238

395 如何相等

将 1-9 九个数字填入括号内使等式成立。

(　　) + (　　) = (　　)

(　　) - (　　) = (　　)

(　　) × (　　) = (　　)

396 妇人的馈赠品

在赶集的路上，有三个互不相识的妇人遇见了，她们约定一块儿去集市。集市散了以后，她们拿着自己买的东西回家，在分别的路口她们互相赠送了自己所买的物品。

甲先把自己买的物品送给了乙和丙，甲送的物品数量和两个人原来的物品的数量相等；然后乙将自己现有的物品送给甲和丙，乙送的物品数分别和这两个人在第一次甲送后所拥有的物品数相等；最后丙把自己现有的物品送给甲和乙，丙送的物品数量分别和两个人在第二次乙送后所拥有的物品数相等。

这时，三个妇人都拥有 16 件物品。

那么，你知道每个妇人原来各有多少件物品吗?

397 孩子的笔记本

孙老的孙子和孙女的人数一样多，他家附近有一个文具店，里面有三种笔记本:

有 1 元一个的、有 1 元两个的，还有 1 元三个的。孙老用 7 元钱买的笔记本正好能平均分给孩子们，并且没有一个笔记本需要撕开分。

那么，你知道孙老有多少个孙子和孙女吗？他们各得了几个笔记本？

398 爱吵架的小两口

俗话说得好，“夫妻吵架，床头吵床尾和。”在远山镇有一对 35 岁的夫妻，自从两人结婚的那天开始，每天都要吵一次架，从来没有改变过。可是，上个月两人只吵了 28 次，而上上个月，两人只吵了 15 次。你认为这可能吗？

399 不断增长的等式

在下列数字中，填入“+、-、×、÷”和（　　）使等式成立。

123=1

1234=1

12345=1

123456=1

1234567=1

12345678=1

400 老爷的生日

阿三在新老爷家里遇到了老爷的贴身侍从，阿三想知道老爷是什么时候的生日，于是就偷偷问老爷的贴身侍从。可是贴身侍从却说：“老爷的生日月份和日子都是个位数，将它们连着读成一个十位数的时候，这个十位数的三次方是个四位数，四次方是个六位数。而且这个四位数和六位数的各个数字正好是 0-9 这十个数字，并且每个字都是一次，没有重复。”

阿三智商不高，算不出老爷的生日，你能帮他算出老爷的生日吗？

括号中的数字

在括号中填入 1-5 五个数字，每个数字只能使用一次，然后使等式成立。

（　　）÷（　　）+（　　）-（　　）= 22÷（　　）

苹果的价格

小静家里是开商店的，平时卖一些日用品和食物。有一天，爸爸有事要出去，需要小静看一下商店。爸爸回来后，小静告诉爸爸刚刚有一个人买了一些苹果。小静说那个人给了她 12 元，可是在挑苹果的时候那人又吃了两个，这样的话每 12 个苹果的价钱就比原来的价钱低了 1 元。

你知道小静卖了多少苹果吗？

403 糖果的数量

春节的时候，姐姐和妹妹收到了很多糖果。姐妹俩数完糖果后，姐姐对妹妹说："如果把你的糖果的 10 颗给我，我的糖果总量就将是你的两倍；如果我给你 10 颗我的糖果，那么我们的糖果数量将相等。"

你知道姐姐妹妹各有多少糖果吗？

404 小书的时间表

爸爸每天都要小书抓紧时间看书，可小书总说自己一年之内几乎没有学习的时间。爸爸很奇怪，小书就给爸爸看了下面的这张表：

睡觉（8 小时 / 天）	122 天
星期天	104 天
暑假	60 天
吃饭（3 小时 / 天）	45 天
娱乐（2 小时 / 天）	30 天
合计	361 天

一年 365 天，上面表格中就占了 361 天，还有四天是他生病的假期，所以小书没有时间学习。爸爸觉得好像也有几分道理。可事实是，小书做了手脚。你知道是在哪里吗？

405 巧填运算符号

在下面的式子中填入适当的符号使等式成立。

1.2345671=51

2.5671234=51

3.6712345=51

406 红红的出生日期

红红有一件运动衣，上面有一个四位数，正好是红红的出生年份。一天，红红穿着运动衣到学校，红红的同学在倒立的时候发现红红的号码变成了另外四位数，比原来的数要多 7875。你能猜出红红的出生年份吗？

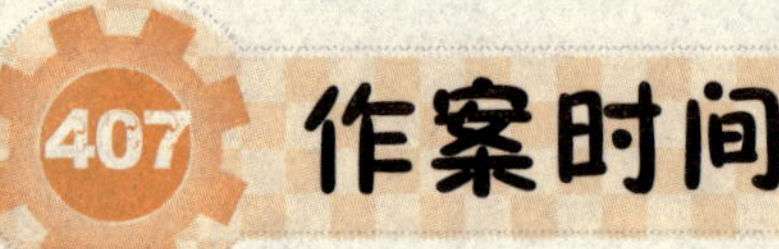

407 作案时间

一天夜里，某小区的住户听见一声尖叫，声音十分惨烈。早上出门的时候，他才发现昨晚的尖叫声竟是死者最后发出的声音。警察向附近的邻居们了解案件发生的准确时间。一女士说是在 12 点零 8 分，一老爷爷说是在 11 点 40 分，对面饭店的老板说是在 12 点 15 分，一男士说是在 11 点 53 分。可是四人的表都不准，在他们的手表中，一个慢 25 分、一个快 10 分、另一个快 3 分、最后一个慢 12 分。

那么，你能告诉警察准确的作案时间吗？

408 有趣的数字

现在有两组数字，每组两个数字。而且每组数的数字顺序都相反，且两者之间的差都是 63。

那么，聪明的你知道这两组数字各是什么吗？

409 小说家的生卒年

19 世纪，有一位小说家出生在美国，很巧的是他也在 19 世纪去世。他出生的年份和去世的年份都是由相同的 4 个数字构成，但排列顺序不同。在他出生的那年，四个数字之和是十四；他去世那年的数字的十位数是个位数的 4 倍。

你知道这位小说家在哪年出生，又在哪年去世吗？

410 电话号

小庄住在一个美丽的海滨城市，这个城市的电话号码和其他城市不同，只有四位。有一次，小庄搬家后得到了一个电话号码。这是一个很容易就能记住的电话号码，新号码正好是原来号码的四倍，而且如果从后面倒着写原来的号码就能得到新号码。

那么，聪明的你知道新号码是什么了吗？

411 顾客的需求

一位顾客到邮局寄信，他有很多信要寄，需要多张不同价格的邮票。他递给营业员一张十元纸币，想要一些 2 角的邮票和 10 倍数目的 1 角的邮票，然后剩下的全要 5 角的邮票。那么，卖邮票的营业员要怎样做才符合顾客的需求呢？

412 幼儿园分馒头

在花苑小区有一个幼儿园，幼儿园老师和学生的人数加起来有 100 人。如果 100 个人分 100 个馒头则刚好分完，其中老师每人分 3 个，3 个孩子分一个。那么幼儿园里有老师多少人，孩子多少人？

413 吹灭的蜡烛

同学们在教室上晚自习的时候，突然停电了。同学们将 8 根蜡烛点燃，但是窗外吹来一阵风，把 3 根蜡烛吹灭了。过了一会儿，又吹灭了 2 根。为了使蜡烛不再被风吹灭，同学们赶紧将窗户关上了。后来，蜡烛就没有被吹灭过。

那么，你知道最后还剩多少根蜡烛吗？

414 笼中的鸭兔

在一个笼子里关了好几只鸭子和兔子，其中鸭头和兔头一共 36 个，鸭脚和兔脚一共 100 个，那么鸭子兔子分别有多少只？

415 失误的爆炸

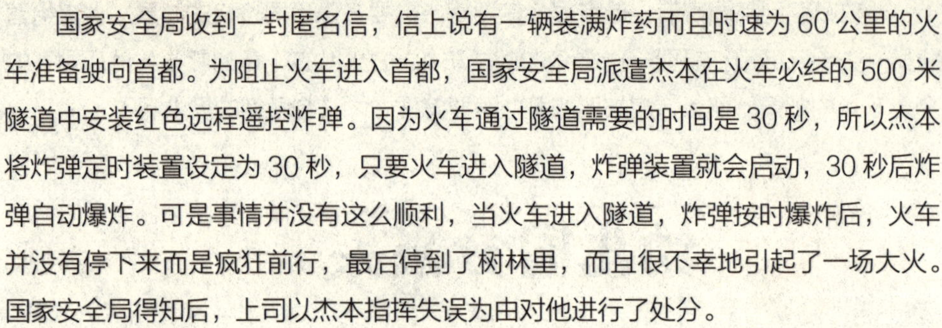

国家安全局收到一封匿名信，信上说有一辆装满炸药而且时速为 60 公里的火车准备驶向首都。为阻止火车进入首都，国家安全局派遣杰本在火车必经的 500 米隧道中安装红色远程遥控炸弹。因为火车通过隧道需要的时间是 30 秒，所以杰本将炸弹定时装置设定为 30 秒，只要火车进入隧道，炸弹装置就会启动，30 秒后炸弹自动爆炸。可是事情并没有这么顺利，当火车进入隧道，炸弹按时爆炸后，火车并没有停下来而是疯狂前行，最后停到了树林里，而且很不幸地引起了一场大火。国家安全局得知后，上司以杰本指挥失误为由对他进行了处分。

那么，你知道杰本在哪个环节出错了吗？

416 撕纸游戏

有位小说家旁边有一张厚度为 0.1 毫米的大纸，他为了寻求写作的灵感，就将它对半撕开重叠起来，然后又对半撕开重叠起来。如果他重复 25 次这一过程，那么这叠纸将会有多厚呢？

A. 像一座房子高　　B. 像人一样高

C. 像书一样厚　　D. 像山一样高

417 鸭蛋的数量

以前有两个妇女，两家都养了一些鸭。有一天，两人一共带了 100 个鸭蛋去集上卖，一个带的鸭蛋多，另一个带的鸭蛋少，可是两人卖的钱一样多。一个妇女对另一个说：“如果我带的鸭蛋和你带的一样多，我就能卖 15 元。”另一个说：“如果我的鸭蛋有你那么多，我只能卖 6 元。”

那么，你知道两个妇女分别带了多少个鸭蛋吗？

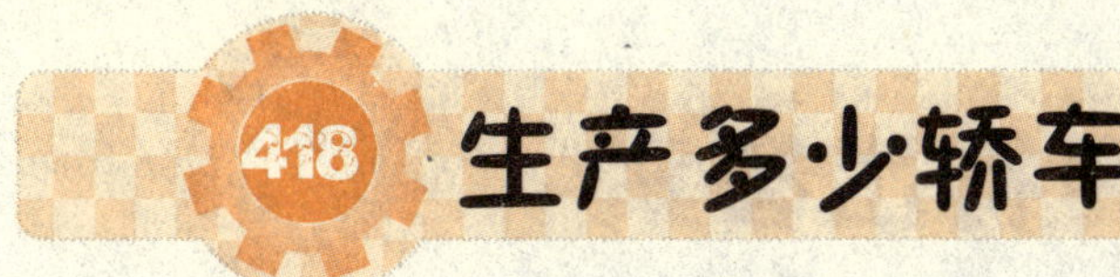

418 生产多少轿车

一家专门生产轿车的工厂，4 名工人每天工作 4 小时，每 4 天生产 4 辆轿车模型，如果 8 名工人每天工作 8 小时，那么 8 天能生产多少辆轿车模型？

419 父子的年龄

阿虎的爸爸今年比阿虎大 26 岁，爸爸四年后的年龄是阿虎的 3 倍。那么，阿虎和爸爸今年分别多少岁了？

420 神奇的三位数

一个三位数，减去 7 后正好被 7 整除；减去 8 后正好被 8 整除；减去 9 后也正好被 9 整除。那么，你知道这个三位数是多少吗？

421 吃桃子

5 个小朋友 5 分钟吃完了 5 个桃子，那 100 个小朋友吃完 100 个桃子需要多长时间？

422 倒过来成立的数字

有四个数字可以上下颠倒而数字不变，这几个数字是 0、1、8、11，那么，你能发现另一个这样的数字吗？

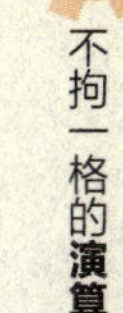

423 快速得出答案

喜欢数学的人都知道关于高斯的故事。在上课的时候，老师给同学们出了一道这样的题：1+2+3+4+……+100，求和。当时高斯很快就算出了答案是 5050。那你知道高斯是怎样算出来的吗?

424 搭配方法

小美有 4 条不同风格的裤子、8 件不同图案的 T 恤和 4 双不同颜色的帆布鞋。那么，你知道她有多少种搭配方法吗?

425 相同的数

有一天，小福和小铺在家里做数学作业。小福问小铺：“你能用小于 10 的 3 个相同的数字自由结合，然后组成得数是 30 的等式吗？如果在相同的条件下把得数变成 20，你还能找出来吗？”这下可把小铺难住了，你能帮小铺找出来吗?

426 家禽交换

在还没有产生货币的时期，人们都是用以物易物的方式来满足自己的需求。某天，有三个人带着自己的家禽到集市准备交换。下面是他们的对话：

A 对 B 说：如果我用六只鸡换你一只鹅，那么你的家禽数量就是我所有家禽总量的 2 倍。

C 对 A 说：如果我用十四只鸭换你一只鹅，那么你的家禽数就是我的 3 倍。

B 对 C 说：如果我用四只兔子换你一只鹅，那么你的家禽数就是我的 6 倍。

那么，A、B、C 三人分别有多少只家禽?

427 磨损相同的轮胎

阿凯开车要去外地出差，从出发点到目的地的距离有 1 万公里。阿凯想使包括备用胎在内的 5 个轮胎都具有相同的磨损，他打算轮流使用这 5 个轮胎。那么，聪明的你知道每个轮胎要行驶多少路程吗？

428 晨练的人数

阿木住在海边，每天早晨他总能看见许多人在沙滩上晨练。有一天，阿木看见附近警犬训练基地的战士和警犬从沙滩跑过，在上面留下了一列脚印。阿木过去数了数刚刚跑过去的战士和警犬的脚印，一共是 890 个。刚刚跑过去的战士和警犬一共有 360 人。

那么，你知道这里面战士和警犬的数量分别是多少吗？

429 数字间的规律

下列数字之间有一定的规律，可以由左边的数字推出右边的数字，那么，你知道这个规律是什么吗？如果知道请找到问号处应填哪一个数字。

2——99——305——188——?

430 丰产的李子

小勇家里种着一棵李子树，今年的李子结果特别多，这么多李子肯定吃不完。所以，小勇第一天用一半李子换了果汁，而且他还吃了 4 个李子；第二天小勇用剩下的一半李子换了其他水果，然后吃了 3 个李子；第三天，小勇吃完 1 个李子后，觉得好东西应该共同分享，所以就把剩下的李子的一半分给了邻居们。这时候，小勇手里有 5 个李子、其他水果和果汁。那么，你知道小勇家的李子树今年结了多少李子吗？

431 得到 24 的数字

有一种扑克游戏是这样玩的：从中任意抽取四张牌，每一张牌都代表一个数字，如黑桃 5 代表 5、梅花 K 代表 13，要求用四种基本运算加减乘除将每个数字用一遍，得出的计算结果是 24。这四张牌归第一个算出结果的人，谁最后获得整副牌谁就获胜。小紫抽了四次牌分别是：

3、3、7、7

4、4、10、10

5、5、1、5

9、9、6、10

小紫不知如何得出 24，你能帮她算出来吗？

432 如何装金砖

有两个盗贼打开了银行保险库，里面放着一些长 20 厘米、宽 20 厘米、厚 10 厘米的金砖。铁盒是一个空心立方体的容器，而且铁盒的长宽高都是 30 厘米。那么，你知道他们一个铁盒里最多能放多少块金砖吗？

433 停电的时间

一天晚上冰冰在学习的时候突然停电了，于是冰冰便同时点燃了两个粗细长短相同的蜡烛，但是因为所用材料不同，一个可以燃烧 5 个小时，另一个却只能燃烧 3 个小时。

等来电以后，冰冰看见两根蜡烛快烧完了，不过其中一根的长度比另外一根的长度长 2 倍。依据这些情况，很快冰冰就算出了停电的时间。你能算出来吗？

434 截开的木棒

有两根长短不同的木棒，有一根长 42 厘米，有一根长 24 厘米。把两根木棒都截去相同长度的一段后发现，长木棒的长度是短木棒长度的 4 倍，那么长木棒剪短后的长度是多少？

环城公路

假设某市修建一条环城公路，其周长是 20 千米，有甲乙丙三人从同一地点出发，每个人都要环行两周。但是，现在只有两辆自行车，所以甲先步行出发，乙和丙骑自行车出发，在中途的时候乙和丙将自行车放下步行，自行车由他人骑。我们知道甲每小时能走 5 千米，乙和丙每小时能走 4 千米，三个人骑车的速度都是 20 千米每小时。

假设他们三人两辆自行车同时到达终点，那么他们环行两周的时间最少是多少？

立方体的长

有一个正方体，它的体积是 1 立方米，现在人们想将它分成体积各是 1 立方分米的小正方体，而且沿一直线把各个立方体连接起来，那么能够连接多少米？

计算表面积

有一个长、宽、高分别是 6 厘米、5 厘米和 4 厘米的长方体实体模型。现在想在它的表面中央挖一个立方体，这个立方体的边长要为 1 厘米。那么挖去一个立方体的长方体的表面积是多少？

438 计算内角和

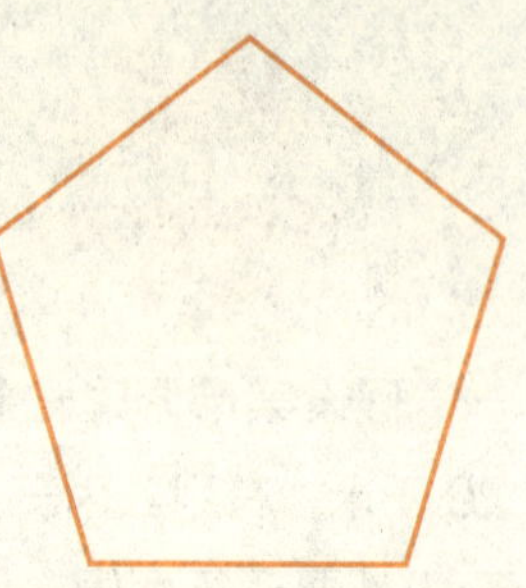

小怡在上数学课的时候没有认真听讲，而是在纸上画五边形玩，可是这却被老师发现了。当老师看到纸上的五边形时，就用笔在上面画了两笔，使得五边形变成了由三个三角形构成。然后，老师让小怡算出五边形的内角之和是多少，如果算不出就要值日三天。聪明的你，能帮小怡算出五边形的内角之和吗？

439 放入盒子的玻璃球

小爱的 85 个玻璃球散落在床上，妈妈看见后让小爱把玻璃球全部放入几个盒子中，而且要求小爱每个盒子最多放 7 个玻璃球。那么，你知道至少要有多少个盒子才足够呢？

440 1998 和 1999

(　)(　)(　)×(　)+(　)(　)×(　)-(　)×(　)=1998

(　)(　)(　)×(　)+(　)(　)×(　)-(　)-(　)=1999

441 小猪育仔

假设一对猪每月可以生一对小猪，而一对小猪出生后第二个月也开始生小猪，那么从刚出生的一对小猪算起，一整年的时间里有多少对小猪出生呢？

442 猫和兔子赛跑

兔子和乌龟比赛输了以后并没有灰心，有一天，兔子找到小猫说想和小猫比赛跑步。小猫说："你的速度是 10 米 / 秒，是我的速度的 10 倍。如果我在你前面，咱俩距离 10 米，当你跑了 10 米时，我往前跑了 1 米；你追我 1 米，我往前跑 0.1 米；如果你再追 0.1 米，我又往前跑 0.01 米。这样算的话，你永远都落后一点点，所以你根本追不上我。"

你认为小猫说的正确吗？

443 少了一元钱

一老妇是卖蛋的，3 个鸡蛋 1 块钱，2 个鸭蛋 1 块钱，她一天可以卖 30 个鸡蛋，30 个鸭蛋，这样一天可得到 25 块钱。有一天一个路人告诉她，如果想卖得快一点，可以把鸡蛋鸭蛋混在一块儿出售，5 个蛋 2 块钱。第二天，老妇就照着路人说的做，可是只得了 24 块钱。老妇不明白，明明蛋没少却怎么少了一块钱，你帮老妇想想这一块钱跑哪儿去了呢？

444 好玩的日历

艾瑞克星期日一到公司就有好多工作要做，回到座位时他抬头看了一眼日历，才知道今天是 13 号，怪不得有一大堆工作要做。随后艾瑞克拿手里的日程表对着日历开始安排，忽然他发现一件好玩的事儿，这个月里竟然有五个星期二。这时候，艾丽问艾瑞克："这个月的最后一个星期五公司有活动，具体是几号啊？"那么，你知道答案吗？

445 如何付费

澳大利亚居民使用的小额硬币是 5 分、10 分、50 分、1 元和 2 元。现在你要支付 20 分，请问：一共有多少种付费方法？

446 飞行计划

一航空公司最近制定了一个飞行计划，但是每一个飞机只能携带一个油箱，各个飞机之间可以相互加油，一架飞机绕地球飞行半圈需要一箱油。如果至少一架飞机绕地球飞行一圈，包括这架飞机在内至少需要多少架飞机飞行？所有飞机必须从同一地点起飞且要安全返回，不许在途中降落。

447 钻石的数量

有一个人非常有钱，经常拿钻石当玩具玩。有一天，他突然想用钻石镶一个钻石群。他第一天用了一颗钻石；第二天，他用六颗钻石镶在第一颗钻石的周围；第三天，如图，他在钻石外围又镶了一圈钻石。就这样每过一天，就多一圈钻石。一周之后，他终于镶好了钻石群。那么，你知道这个钻石群上有多少颗钻石吗？

448 年龄的奥秘

甲、乙、丙三人的年龄一直都很保密。把甲的年龄数字对换一下就是乙的年龄；甲和乙两人的年龄差是丙年龄的两倍；丙年龄的 10 倍是乙的年龄。那么，甲、乙、丙三人分别是多少岁？

449 增加的体积

我们知道冰化成水后，体积减少了 1/12。你知道水结成冰后，体积会增大多少吗？

第6辑

严谨缜密的逻辑推理游戏

450 最远的住处急转弯

小马住在比小建远的村庄，小宝住在比小马更远的村庄。那么，你知道他们谁住在最远的村庄吗？

451 两位理发师

芙蓉镇上只有两位理发师。某天，一位心理学家来到芙蓉镇理发，他先观察了第一家理发店，这家理发店很脏，而理发师本人也衣着不整、头发凌乱，这一切都说明理发师的技术不行。而另一家理发店，店铺干净，而且理发师的胡子刚刮过、头发也很好。心理学家思考了一会儿，就返回了第一家理发店。你知道为什么吗？

452 倾斜的天平

现在有一个天平和 13 颗玛瑙。天平一个秤盘里放着有 8 颗玛瑙，这个秤盘在天平的左边，距离轴心三格；另一个秤盘里放着 4 颗玛瑙，这个秤盘在右边，距离轴心四格。我们知道每个秤盘和玛瑙的重量相同，你能移动一个玛瑙使天平恢复平衡吗？

453 鹦鹉的家乡

阿罗、阿特和阿米是来自三个不同国家的三只鹦鹉，其中从美国来的鹦鹉一直说真话，从英国来的鹦鹉一直说假话，而从法国来的鹦鹉最有意思，它先说真话再说假话。

这三只鹦鹉都非常难以应付，管理员偷偷地把它们的对话录了下来。你能根据它们的对话判断出这三只鹦鹉分别从哪个国家来吗？

阿罗：阿米从浪漫的法国来，我从发达的美国来。

阿特：阿罗来自绅士的英国。

阿米：阿特从绅士的英国来。

454 两名男士

两名互不认识的男士坐火车去山西，在过隧道的时候，因为窗户没关好，所以坐在窗边的男子被迎面吹过的煤灰弄脏了脸，而坐在他对面的男士却没有受到影响。等火车驶出隧道后，两人相互看了一眼，脸脏的那位男士依然坐在位子上看报纸，而脸干净的男士却起身去洗手间洗脸去了。你知道这是为什么吗？

455 说谎的人是谁

爱爱、美美、晶晶、会会和夜夜在接受电台采访的时候，没有全说真话，你能找出几个人在说谎吗？以下是她们说的话：

爱爱：我上课的时候从来不睡觉。

美美：爱爱说的不是真话。

晶晶：我考试的时候就没有作过弊。

会会：晶晶说的不是真话。

夜夜：晶晶和会会都没有说真话。

456 诚实国与说谎国

相传，古时候有两个相邻的国家，诚实国和说谎国。诚实国的国民从来不说假话，说谎国的国民从来不说真话。一天，一个聪明人独自来到了两国家中的一国，但是他不清楚这个国家是诚实国还是说谎国。他想找一个人问一问这里是哪一个国家，但又无法判断被问者是不是在撒谎。聪明人想了想，终于找到一个好方法，只要他找这里任意一个人问一句话，就能从对方的回答中判断出这里是哪个国家。你知道是哪一句话吗？

457 三姐妹的房间

红红有两个姐妹，她们三人住在甲、乙、丙三个房间，这三个房间互不相通并且每个房间门上都有两把钥匙。那么，钥匙如何安排，才能让红红三姐妹能随时进入每个房间呢？

458 谁砸了玻璃

小明、小亮、小刚、小虎在小区里踢足球，这时不知道谁不小心把球踢到张奶奶家的窗户上，将窗户的玻璃打碎了。张奶奶很生气，下楼问是谁打碎的。小明说是小亮做的，小亮说是小虎做的，小刚说不是他做的，小虎说小亮没有说真话。他们中，有三个人没有说实话。你能帮张奶奶找出是谁打碎了她家的玻璃吗？

459 美美的玩具

美美特别喜欢买玩具，她的房间简直就是一个玩具之家。美美的玩具：扔掉两个以后全是狗，扔掉两个以后全是猫，扔掉两个以后全是芭比娃娃。那么，你知道美美都有什么玩具吗？

460 野炊的工作

五年级三班的四名同学甲、乙、丙、丁到郊外野炊，四人各有分工，有的淘米，有的洗菜，有的挑水，有的烧水。情况如下：

1. 甲同学既不挑水也不淘米。

2. 乙同学既不洗菜也不挑水。

那么，你知道他们分别在做什么吗？

461 三人的晚餐

小春、小夏、小秋三人经常一起去餐厅吃饭，她们三人每次点餐不是牛肉就是鱼排。已知：

1. 如果小春点的是牛肉，那么小夏点的就是鱼排；
2. 如果小春或小秋点的是牛肉，那么其他两人就不能再点牛肉了；
3. 小夏和小秋没有都点鱼排。

那么，你知道是谁昨天点的牛肉，今天点的鱼排吗？

462 聪明的小蚂蚁

一只蚂蚁在通道里爬行时，对面又爬来一只小蚂蚁。这个通道非常狭小，只能允许一只蚂蚁通过。庆幸的是，通道的一侧有个地方凹了下去，正好可以容下一只蚂蚁。但很不幸的是，凹处有一粒沙子，如果将它搬出来就会把通道堵住，仍然无法通行。你能帮帮这两只小蚂蚁顺利通过通道吗？

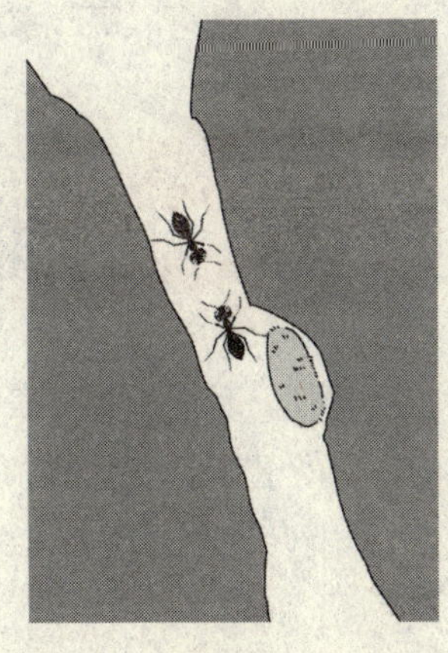

463 诚实的人

从前有一个老实人搬到了骗子村，他不习惯骗子们的生活方式。所以，老实人只在星期一说假话，其他日子他都不说谎。那么，当星期二时老实人该如何表达？

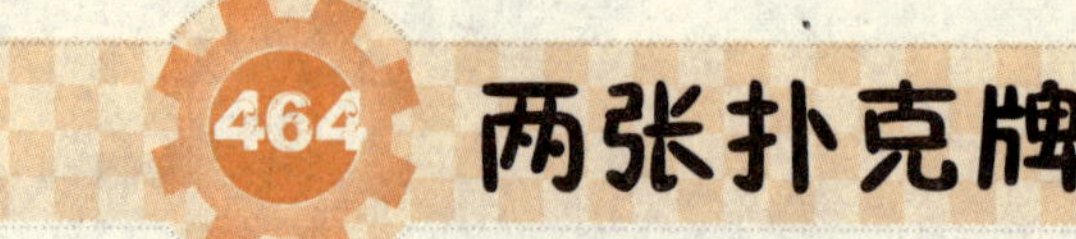

464 两张扑克牌

一天下午，樊先生正在屋子里和朋友们玩扑克牌。樊先生手里有十三张牌，至少有一张以上是黑桃、红桃、梅花和方块，并且每种花色的数目都不同。黑桃和红桃一共六张，黑桃和方块一共五张。樊先生有两张相同图案的扑克牌。那么，你知道这两张相同牌的图案是哪一种吗？

465 奖励难题

龙一在珠宝公司上班，由于他工作出色，老板决定送他一条金链子作为奖励。这条金链子是由七个相连接的圆环构成的，但是老板只让他每周领一个金圆环，而且龙一还得自付切割费。

每次切割一个圆环，就要支付一笔数目不小的钱，再连接到一块儿还得付费一次，很是不划算。但是这个问题并没有难倒龙一，他想了一个好办法，不用将金链子分成七个就可以每周拿到一个金圆环。你知道他是怎么做到的吗？

466 他们的职务

点点、依依和霍霍是同班同学，她们中有一个是语文课代表，一个是数学课代表，一个是英语课代表。霍霍比英语课代表的年龄大，数学课代表比依依年龄小，点点和数学课代表不同岁。那么，你知道他们各自的职位吗？

467 小狗啃骨头

小狗面前有 A、B、C、D 四个盘子，而 A 盘中放着三根骨头，B 盘中放着一根骨头，剩下的两个盘子中没有骨头。小狗想要把所有的骨头都集中到 A 盘中来吃，可是它每次只能从两只盘子里分别拿出一根骨头放到第三个盘子里。那么，小狗要运多少次，才能将全部的骨头放到 A 盘子里呢？

468 谁是杀人犯

工商局局长昨天晚上在家中被人杀害了。经过警察详细调查，把周一、艾丰和刘松带回了警局。而他们的供词如下：

周一：艾丰没有杀人。

艾丰：周一没有说谎。

刘松：周一没有讲实话。

他们三人之中有人说了假话，然而真正的罪犯倒是讲了真话。那么，他们三人谁是杀人犯呢？

469 拿硬币的妙招

现在有 10 枚硬币，小芒和小彤两人轮流从中取走一枚、两枚或四枚硬币，谁能取走最后一枚硬币谁就输。那么，你知道如何才能获得胜利吗？

470 谁种的树

村中有四个老人，分别是A、B、C、D，他们是环境的忠实保护者，因此每年都会栽种一批小树苗，等到栽种完后，会在林子旁边立上木牌，告诉人们是谁种的。他们四个人当中A和B一直以来都喜欢说真话，但是C和D则经常说谎话骗人。在村口有一片林子，它的旁边立着的牌子上写着："此林子不是B栽的。"那么你知道这个牌子是谁立的吗？

471 正确的名次

在期中考试结束后，秋兰、丽华、邹文、吴飞四人分别是学校的前四名。他们几人在得知成绩前作了一次自我评估：

秋兰：第四名不可能是我。

丽华：我能得第二名。

邹文：我比秋兰高一个名次。

吴飞：我比邹文高两个名次。

472 魔法物品

在一个小镇上住着四个年轻人，她们之中有一人会魔法，不过这个人经常撒谎。娇娇和其他两个年轻人是诚实的人，她们总是说真话。四个人都有白色围巾，其中两条围巾是有魔法的，系上这两条带魔法的围巾就算是诚实的人也会说谎，并且四个人都戴着红色蝴蝶发卡，其中两个发卡有魔法，它会消除围巾的魔法。但是，它对会魔法的年轻人没有任何作用。

诚诚：鼓鼓系着魔法围巾。

鼓鼓：弯弯带着魔法发卡。

弯弯：娇娇系着魔法围巾。

娇娇：鼓鼓是会魔法的年轻人。

那么，她们四人中有哪两个人系着魔法围巾，哪两个人带着魔法发卡呢？哪一个是会魔法的年轻人呢？

473 按钮的地方

有一位科学研究员在家工作的时候总是被不断响起的门铃声打断思路。为了能安心工作，他在大门前安装了一排按钮，一共六个。在这六个按钮中只有一个和门铃相通。不管来访者是按错一个按钮，还是和正确的按钮同时按，整个电铃系统都会停止工作。

大门的按钮边有一张说明：A 在 B 的左边；C 右边第三个是 B；C 在 D 的右边；D 紧挨着 E；A 和 E 中间隔一个按钮。按铃的时候，请按上面没有提到的那个按钮。

那么，到底是哪个按钮和门铃相通呢？

474 教师的课程

孔老师、曹老师、金老师三人分别担任化学、美术、英语、音乐、政治和语文六科中两门课程的教学。他们的信息如下：

1. 美术老师和音乐老师是邻居。
2. 孔老师在三人中年龄最小。
3. 金老师、化学老师和音乐老师三人常常一起回家。
4. 化学老师比语文老师年龄大。
5. 放假的时候，英语老师、语文老师和孔老师喜欢打网球。

那么，这三位老师分别担任哪两门课程？

475 谁是老大

警察在一户居民区内发现有人聚众赌博，他们分别是小三、小四、小五和小七。警察在审问谁是带头的老大时，他们的回答如下：

小三：小五是老大。

小四：老大不是我。

小五：老大是小四。

小七：老大是小三。

但是，他们四人之中只有一人说的是真话，其他三人全都在撒谎。

那么，你能猜出谁是老大吗？

476 赛跑比赛

有一只狼和一只兔子进行往返一百米直线赛跑比赛。狼一步跑三米，兔子一步跑两米，但是狼跑两步的时间兔子可以跑三步。这种情况下，你认为谁会赢得比赛呢？

477 棒球比赛

某市五所中学进行棒球比赛，每一所中学互相比赛一场，进行循环比赛。比赛结果如下：

六中：两胜两败。

七中：没有胜利，四败。

八中：一胜三败。

九中：四胜，没有失败。

那么，十中的比赛成绩将会是怎样的呢？

没谱的预测机

某人发明了一台预测机，这台预测机能够预测某件事在一小时之内会不会发生。如果某件事会发生，绿灯就会闪烁；如果不会，红灯就会闪烁。这台预测机受到很多人的喜欢，尤其是警局的警员，因为有了预测机，他们的工作任务就会减轻。可是警察局长却一点也不高兴，因为他明白这台预测机根本就不准，用一句话就可以证明。

那么，你知道是哪一句话吗？

恋爱关系

在一单身公寓里面住着四位男子，分别是：阿杰、阿海、阿飞和阿光，同时有四位美丽的女子住在他们对面的公寓里，这四位女子是莎莎、梅梅、盈盈和娜娜。四位男子分别喜欢着住在对面公寓的一个女子，而他们四人也同样被对面四位女子中的某人喜欢，但是却没有人能够牵手成功。原因是：

1. 阿杰喜欢的女子所爱的男子喜欢娜娜。
2. 阿海喜欢的女子所爱的男子喜欢盈盈。
3. 阿飞喜欢的女子喜欢阿光。
4. 莎莎喜欢的男子不喜欢梅梅。
5. 梅梅和盈盈都不喜欢阿海。

那么，你知道谁喜欢阿杰吗？

相同的硬币

有 12 枚硬币，其中有 1 分、2 分、5 分，合计 3 角 6 分。在 12 枚硬币中有 5 枚一样的硬币，你知道这 5 枚硬币是几分吗？

481 商店的促销活动

某商场最近从南方批发了一批最新款式的手机，非常受顾客欢迎，销售量与日俱增。因此，商场经理决定加价百分之十。但是，过了没多久，手机开始卖不出去了，所以商场又决定降价百分之十。人们对商场的加价降价事件评论不同，有人认为商场是穷折腾，有人认为商场赚了钱，还有人说商场赔了钱。

那么，你同意上面哪种说法呢？

482 硬币的币值

现在有甲、乙、丙、丁、戊五种币值，这五种硬币价值大小不同。

1. 甲是乙的两倍。

2. 乙是丙的四倍。

3. 丙是丁的一半。

4. 丁是戊的一半。

那么，你知道五种币值的价值顺序从大到小如何排列吗？

483 餐桌上的座位

有一家人经常撒谎，连自己的朋友也要欺骗。一天晚上吃完晚饭，朋友来做客，问到一家人吃饭是怎么坐的，奶奶说："她先坐在了餐桌旁。"

儿媳说："女儿坐我旁边。"

儿子说："孙子坐我旁边。"

孙女说："妈妈在弟弟的左边。"

孙子说："妈妈或姐姐在我右边。"

那么，你知道这一家究竟是如何坐的吗？

484 穿错的衣服

晓白、晓梦、晓宿和小吉是大学新生，经过几天的军训四人都已经累得不行了。所以晚上军训完毕后她们就回宿舍睡了。凌晨一点半外面忽然响起了响亮的集合哨声，结果四个女生在半睡半醒的情况下都穿错了衣服，这里面只有一个人穿对了上衣，还有一个人穿对了裤子，但是没有人全部穿对上衣和裤子。我们只知道下面的信息：

1. 晓梦只穿了一个人的裤子，这个人又穿了晓白的上衣。

2. 晓宿只穿了一个人的裤子，这个人又穿了晓梦的上衣。

那么，你知道分别是谁穿了谁的上衣和裤子吗？

485 亲姐妹

有四户人家住在 23 楼，每家都有两个女孩。这四对亲姐妹中，姐姐是甲、乙、丙、丁，妹妹是 A、B、C、D。同一栋楼里的邻居们都不清楚她们几个谁和谁是亲姐妹。有一天，四对姐妹碰到了住在 22 楼的王大娘，王大娘就问："你们谁和谁是亲姐妹啊？"以下是她们的回答：

乙：D 的姐姐是丙。

丙：丁的妹妹不是 C。

甲：A 不是乙的妹妹。

丁：她们三个人中，只有 D 的姐姐没有撒谎。

丁说的是实话，王大娘想了好一会儿也不知道答案。你能帮助王大娘找到答案吗？

486 奇怪的时钟

肖杰家里有两个钟表，其中一个每天只会走准一次，而另一个一天只会慢一分钟，如果让你选，你会选哪一个呢？

487 魔球中的水晶

有五个魔球里装有粉、褐、茶、白、紫五种颜色的水晶。教授让甲、乙、丙、丁、戊判断魔球里水晶的颜色，如果谁能够猜中，教授就把里面的水晶当做奖品送给谁。

甲：第二个魔球是紫色的，第三个魔球是白色的。

乙：第二个魔球是褐色的，第四个魔球是粉色的。

丙：第一个魔球是红色的，第五个魔球是茶色的。

丁：第三个魔球是褐色的，第四个魔球是茶色的。

戊：第二个魔球是白色的，第五个魔球是紫色的。

谜底揭开后，五人都只猜对了一个，且每人猜对的都是相同颜色的水晶。

那么，你知道这五个魔球里分别装有什么颜色的水晶吗？

488 成绩单

六年级一班有四个人的成绩很典型，分别是小银、小勺、小妖和小综。

1. 在 ABCDE 五个等级的评分中，他们四人的成绩中都没有等级 D 和等级 E。
2. 有一人三科成绩都是 A。
3. 有一人一科成绩是 A，一科成绩是 B，一科成绩是 C。
4. 有两人两科相同科目的成绩都是 A。
5. 物理成绩中没有 B。
6. 小银和小勺的物理成绩相同。
7. 小妖的生物成绩和小勺的化学成绩相同。
8. 小综成绩中有一科是 C。
9. 小银的化学成绩和小综的生物成绩相同。

综上所述，完成下面的表格。

	物理	生物	化学
小妖	C		
小综			B
小银		A	
小勺		A	

489 真正的司机

有三个人在火车上担任乘务员、售票员和火车司机。某天，阿方、阿沁和阿莫三人上了火车，他们三人来自不同的城市。

1. 阿莫在大连居住。

2. 乘务员住在宁波和大连之间。

3. 住在宁波的乘客和乘务员姓名相同。

4. 乘务员的一位亲戚也是一位乘客，他的工资正好是乘务员工资的三倍。

5. 阿沁一年只挣 3000 元，他经常要靠朋友接济。

6. 阿方的棒球比售票员打得好。

那么，你知道谁是真正的司机吗？

490 天使的数量

一位浪子在途中碰到三个女子，虽然三个女子看起来都非常美丽，但是他不清楚其中哪个是天使哪个是魔鬼，我们知道天使从来不说假话，而魔鬼总是撒谎。

甲女子说："乙女子和丙女子之间，至少有一个人是天使。"

乙女子说："丙女子和甲女子之间，至少有一个人是魔鬼。"

丙女子说："我告诉你事实吧。"

你能告诉我们有几个天使吗？

491 男女生的人数

一个星期天，有几个同学作伴去郊游，其中每个人都戴着帽子，而男生戴的都是红色帽子，女生则全是白色帽子。每个男生说："红色帽子和白色帽子的数量相等。"但每个女生说："红色帽子的数量是白色帽子数量的两倍。"

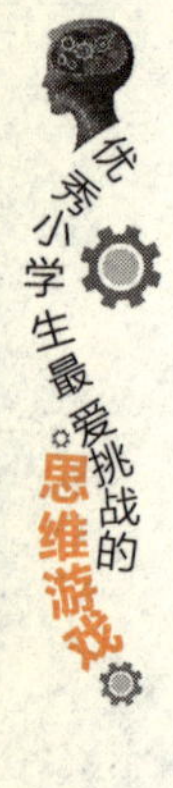

那么，你知道这个班有多少男生和多少女生吗？

492 不幸的公主

相传在古中国，有一个公主在湖边洗澡的时候，放在湖边的衣服被人偷走了。受害人、旁观人、目击人、救助人四人和这件事有关。

小天：小迪不是旁观人。

小迪：小辛不是目击人。

小梁：小天不是救助人。

小辛：小迪不是目击人。

他们四人的说法中如果是有关被害人的那就是假的，如果是有关其他人的那就是真的。那么，你知道受害人是谁吗？

493 谁是第一名

米米、贝贝、木木和皮皮进行了一次长跑比赛，最后得到了结果。可是这四个人经常说谎，下面是比赛结果：

米米：我比贝贝先到终点，但第一名不是我。

贝贝：我比木木先到终点，但第二名不是我。

木木：我比皮皮先到终点，但第三名不是我。

皮皮：我比米米先到终点，但最后一名不是我。

他们说的四句话中只有两句是真话，而得到第一名的那人至少说了一句真话。

那么，你知道他们之中谁是第一名吗？

494 漂亮的狗狗

德德和群群一共饲养了四条漂亮的狗狗，它们分别是小朵、小一、小米和小汪，它们都戴着漂亮的帽子。一天，狗狗们在公园散步的时候说了下面这些话，其中如果它们说的话是有关自己家的，那就是真的，如果是有关别人家的，那就是假的。

戴红帽子的狗狗说：戴绿帽子的是小朵，戴蓝帽子的是小一。

戴绿帽子的狗狗说：戴蓝帽子的是小米，戴粉帽子的是小汪。

戴蓝帽子的狗狗说：戴粉色帽子的是小朵。

戴粉帽子的狗狗说：戴红帽子的是小朵，戴蓝帽子的是群群家的狗。

那么，你知道这四条狗各是谁家的吗？

495 买书

两兄弟都想买一套关于战争游戏的光盘。可是两人的钱不够，如果用弟弟的钱买还差 10 元，如果用哥哥的钱买还差 5 角，如果两人一起买一套光盘，钱还是不够。你知道这套光盘多少钱吗？

496 剩下的纸牌

桌子上有 1-9，9 张纸牌。小文、小乐、小桥、小香四人拿牌，每人拿两张。现在知道小文拿的两张牌之和是 10；小乐的两张牌之差是 1；小桥的两张牌乘积是 24；小香的两张牌相除得 3。请问：他们四人拿的各是哪两张牌，那剩下的一张牌是什么牌呢？

497 真正的姓氏

大兵、二兵、三兵、四兵他们四人有四个姓氏，分别是周、吴、郑、王。

1. 大兵姓吴或者姓郑。

2. 二兵姓周或者姓吴。

3. 三兵姓周或者姓郑。

4. 姓吴的人是大兵或者是四人中的一个。

赶快来猜猜他们都姓什么吧？四人的姓氏不同哟。

498 经理的日程安排

方经理下周的行程是这样的：参观博物馆，去工商局，去中医院治胃病，到饭店午餐。我们已知，星期三，饭店不营业；星期六，工商局休息；星期一、三、五，博物馆开门；星期二、五、六，中医院胃部专家坐诊。那么，方经理可以在一天之内做完所有的事吗？如果能，是在星期几呢？

499 血缘奥秘

轩轩、乔乔和松松之间存在血缘关系，并且他们没有违背任何伦理道德。我们知道，在四人之中有轩轩的爸爸，乔乔唯一的女儿和松松的手足同胞。不过，松松的手足同胞不是轩轩的爸爸也不是乔乔的女儿。那么，你能猜出他们中的哪一位的性别与其他两人不同吗？

500 街道上的商店

街道两旁新开了六家店，他们是甲、乙、丙、丁、戊、己。现在知道：

1. 甲店的右边是五金店。

2. 五金店的对面是咖啡店。

3. 咖啡店的隔壁是服装店。

4. 丁店的对面是戊店。

5. 戊店的隔壁是饭店。

6. 戊店跟五金店在街道的同一边。

那么，你知道甲店是什么店吗？

501 瓶子中的饮料

现在小郭有四个瓶子，四个瓶子里面是红酒、香槟、牛奶和咖啡。瓶子上面都有标签，但是装有咖啡的瓶子上的标签是假的，其他的都是真的。情况如下：

甲瓶子上的标签：乙瓶子里是红酒。

乙瓶子上的标签：丙瓶子里不是红酒。

丙瓶子上的标签：丁瓶子里是牛奶。

丁瓶子上的标签：这个标签是最后粘上去的。

你能猜出四个瓶子里分别装了什么吗？

502 聪慧的学生

胡老师有三个学生，他们都非常聪明，而且思维敏捷。

某天，胡老师在他们的背上贴了一张纸条，然后对他们说："你们每个人的纸条上都有一个正整数，而且某两个数之和与第三个数相等。"虽然每个人不能看见自己背上的数，但可以看见其他两人的。于是胡老师挨个问他们："你能猜出自己的数是什么吗？第一遍的时候，三人都不知道自己的数。当胡老师问第二遍的时候，第一、第二个学生仍然不知道，但是第三个学生却猜出来是 144。那么，你能帮另外两个学生猜出他们的数字吗？

503 猜猜他们的工作

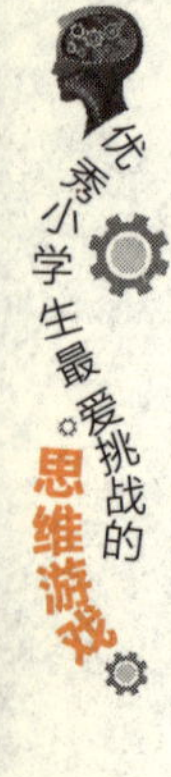

甲、乙、丙、丁、戊是从小一起长大的好哥们儿，工作后他们分别是律师、工人、警察、老师和业务员。我们知道：

1. 甲和丁都不是老师。

2. 丙和丁都不是律师。

3. 丙和戊住在同一栋楼里，隔壁是业务员的家。

4. 甲和丙休息时，就和警察、律师打篮球。

5. 丙和工人的女儿结婚时，乙是他们的主持人。

6. 丁和戊经常去工人家蹭饭。

7. 业务员都是自己做饭，从来不到工人家蹭饭吃。

那你知道他们五人分别是做什么的吗？

504 没有锁的门

最近有很多人丢东西，所以住在同一房子中的四个人规定谁最后到家谁就要把门锁上。但是，昨天晚上没有锁门，有人进来，把小初的电脑偷走了。四人决定查明到底是谁忘了锁门。下面是四人说的话：

小初：我回家的时候，小风正在家里洗脸。

小斯：我回来的时候，小诗已经睡了，所以我听了会儿英语后也睡了。

小风：我进门的时候，看见小斯在听英语。

小诗：我什么也不记得了。

你能帮他们找出谁忘了锁门吗？

505 他们的爱好

一天中午午休的时候，大家在办公室里互相谈论自己的爱好。

第一个男士：韩小姐喜欢瑜伽。

第二个男士：我喜欢网球，但我不是尹先生。

第三个女士：有一位男士喜欢羽毛球，但不是谢先生。

第四个女士：丁小姐喜欢乒乓球，但是我不喜欢。

你知道他们分别是谁、各自喜欢的是什么吗？

506 盛有珠宝的箱子

老祝去外地旅行的时候，不小心在山林里迷路了，天又下起了大雨，所以老祝慌忙跑到了一个山洞。借着手电筒的光，老祝发现洞里有两个箱子，箱子上有一张牛皮纸，上面的字迹还比较清楚。根据牛皮纸上的内容，老祝知道这两个箱子中有一个装满了珠宝，而另一个则满是毒气，如果有足够的聪明才智，可以按照箱子上的提示打开箱子。

忽然，他在两个箱子的侧面发现两张纸条，第一个箱子的纸条上写着："另一个箱子上的纸条是真的，这个箱子装满了珠宝。"第二个箱子上说："另一个箱子上的话是假的，另一个箱子装满了珠宝。"

那么，到底哪个箱子里装满了珠宝？

507 家庭成员

王宇很喜欢到舅舅家玩，舅舅家有很多人，他们都很疼爱王宇。

有一天放学后，王宇的朋友问王宇："你舅舅家有多少人啊？"

王宇说："舅舅家有三代人，一人是爷爷，一人是奶奶，两人是爸爸，两人是儿子，两人是妈妈，三人是女儿，一人是哥哥，两人是妹妹，四人是孩子，三人是孙子或孙女。"

那么，你知道舅舅家有多少人了吗？

508 搭配方法

小易有两件外套，一件蓝色，一件黑色。他有两条裤子，一条蓝色，一条白色。如果使小易的裤子和外套颜色进行不同的搭配，有多少种方法？

509 怎么问路

有一人迷路了，他找了很久都没有找到回去的路。现在他停在了一个双岔路口，他不清楚走哪条路才能回去。这时，正好从远处走来两个人，他们告诉迷路的人，他们两个一个说真话，一个说假话，但没有指明谁说真话谁说假话。他们允许迷路的人问一个问题，然后根据他们的答案，自己判断走哪一条。

你认为迷路的人会怎么做呢？

510 玫瑰花的颜色

情人节那天，学校里有五位女老师收到了五束玫瑰花，分别是黄色、粉色、白色和红色四种颜色，每一种十朵，合计四十朵。

1. 何老师收到的玫瑰花中，黄色的多于其他三种颜色之和。
2. 白老师收到的玫瑰花中，粉色的少于其他任何一种颜色。
3. 安老师收到的玫瑰花中，黄色和白色之和等于粉色和红色之和。
4. 夏老师收到的玫瑰花中，白色比黄色的多一倍。
5. 童老师收到的玫瑰花中，红色和粉色一样多。

你知道五位老师收到的玫瑰花中，四种颜色的玫瑰花分别有多少朵吗？

511 怎么上甜点

今天，小高的亲戚们来了，小高想让他们品尝一些甜点。现在有两只不一样的盘子，你知道小高能用多少种不同的方法来端出两种不同的甜点吗？如果是三个盘子呢？

512 错综复杂的亲戚关系

春节期间，甲、乙、丙、丁、戊几人凑到一起谈论他们之间的亲戚关系，他们所说的人都在他们五人中间。其中四人分别说：

1. 我父亲的兄弟是乙。
2. 我的岳父是戊。
3. 我女婿的兄弟是丙。
4. 我兄弟的媳妇是甲。

你知道上面这些话是谁说的吗？他们的关系是什么？

513 初次相见

张先生和王小姐在咖啡厅相遇并一见钟情。张先生第一次去咖啡厅是一月的第一个星期一，从这天开始他就每隔四天去一次。王小姐第一次去咖啡厅是一月的第一个星期二，从这天开始，王小姐每隔三天去一次。张先生和王小姐在一月只有一天都去了咖啡厅，而就是在那一天他们相遇。

那么，你知道他们是哪一天第一次相遇的吗？

514 谁涨了工资

有消息说，公司要给一些员工涨工资。同事们都在办公室议论这件事，只听见：

小贾说："如果给我涨工资，也会给小翼涨工资。"

小翼说："如果给我涨工资，也会给小冰涨工资。"

小冰说："如果给我涨工资，也会给小丁涨工资。"

通知下来后，才知道三个人的说法都是对的，但是小贾、小翼、小冰、小丁四人中只有两个人涨了工资，你知道是哪两个人吗？

水果在哪里

屋里放着四个纸箱，每个纸箱上都贴着一张纸条，分别写着：

1. 甲纸箱：所有的纸箱里都是水果。
2. 乙纸箱：这个纸箱里是苹果。
3. 丙纸箱：这个纸箱里没有葡萄。
4. 丁纸箱：有些纸箱里没有水果。

这里面只有一句话是真的，那么你一定能从哪个纸箱里找到哪种水果？

新兵的选择

在新兵入伍的时候，老兵总是对他们说："在战场上遇到炮袭的时候，要藏到炮弹炸出的新弹坑里，因为炮弹再落到的那个地方的概率几乎为零，所以那里比较安全。"

你认为这种说法正确吗？

红白乒乓球

上体育课的时候，同学们提议做一个游戏。于是体育老师随手从袋子里取出了三个乒乓球，两个黄色，一个白色。他让甲和乙两名同学背靠背站立，然后给了他们每人一个乒乓球。看谁先猜到对方的乒乓球是什么颜色。

一开始，两人都在思考，谁都没有说话。后来乙说甲的乒乓球是黄色的。

你知道他是怎么猜到的吗？

杰出的男士

樊先生、胡先生、任先生是三位非常杰出的男子，其中有两人知识渊博，有两人家世显赫，有两人工作很好，有两人做出了很大的贡献，但是，每个人最多只有三条优点。我们知道：

1. 如果樊先生知识渊博，那么他就做出了很大的贡献。

2. 如果胡先生和任先生都家世显赫，那么他们的工作也都很好。

3. 如果樊先生和任先生都做出了很大的贡献，那么他们的工作也都很好。

你可以判断出谁对国家没有贡献吗？

519 商场购物

小红、小强、小明、小丽四个人到同一个商场购物，他们四个人每人都买了一样东西，这四样物品分别是足球、鞋子、果冻和裤子，而他们四人的东西正好是在这个商场的四个楼层中分别购买的。现在我们清楚小红去了一层，足球在四层出售，小强买了一双鞋子，小明则是在二层买的东西，小红没有买果冻。那么通过上面的描述，你能判断出他们四个人分别在哪一层买了什么东西吗？

520 怎样躲避传染

有一个村子发生了严重的瘟疫，具有很强的传染性，如果不小心被传染就会在很短的时间内死亡。正好当地的长官得了急性阑尾炎，要尽快动手术，于是长官找来了三位名医，并请求他们三人在当天轮流给自己做手术。不过因为存在瘟疫，任何人都可能携带病毒，所以长官不能和三位名医接触，三位名医之间也不能相互接触，防止传染。

可是现在只有两双手套消过毒，那么要如何做才是最安全的呢？

答 案

第 1 辑　丰富有趣的数字图形游戏

1.

2	3	4
4	2	3
3	4	2

2.

6	2	9	3	7
3	7	6	2	9
2	9	3	7	6
7	6	2	9	3
9	3	7	6	2

3. 第二个。

4. 你记住了吗？答案是75126345678123。

5.

4	6	11	13
9	15	2	8
14	12	5	3
7	1	16	10

6. 移动 4 根火柴。

7.

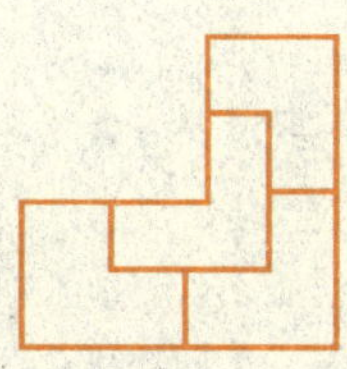

8. 打六枪。得分分别是：17、17、17、17、16、16。

9. A 是 17，B 是 18，C 是 14。方格中的数字无论是横排还是竖排的和都是 50。

10. 依据规则，不论找出哪组数字它们之和都是 3 的倍数，都能被 3 整除。

11. 有 5 种方法。

12.

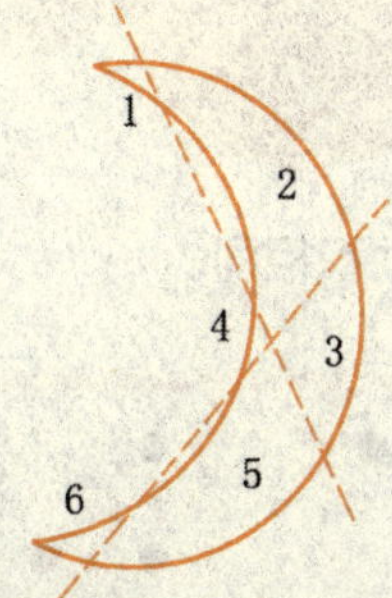

13. 第一刀和第二刀垂直相交切，四块就切好了，然后将四块饼叠起来，第三刀将它们一分为二。

14. 4 颗星星位于正方形的三条边。

15.

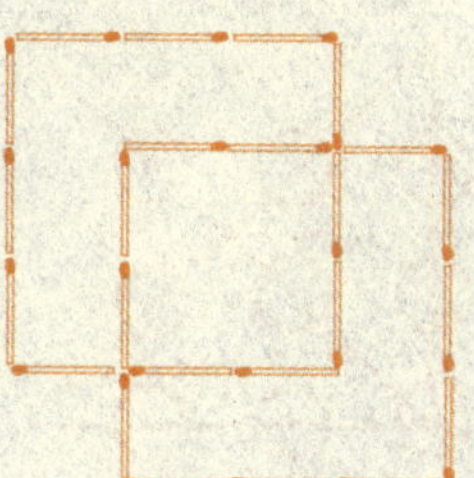

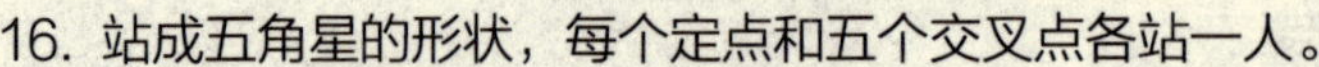
16. 站成五角星的形状，每个定点和五个交叉点各站一人。

17. 只要按图中所标的虚线剪开就可以了。

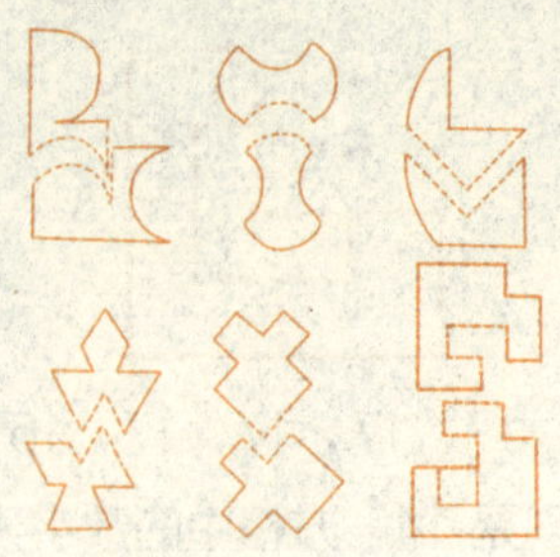

18. 画出来后就像一个苹果切成两半后，其中一半的外部边缘轮廓。

19. A 和 C，B 和 D，分别面积相同。

20.

21.

22.

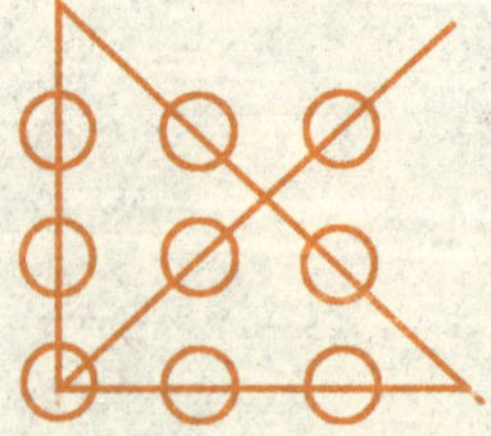

23.

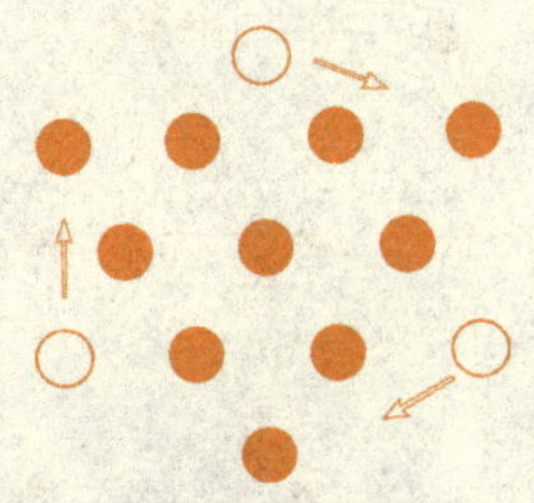

24.（1）62 移为 2 的 6 次方即可；

（2）将等号上的“一”移动到减号上面。

25.

26. 可以在地上画一个正六边形，然后在六边形的各个角和对角线交叉点上种树就可以了。

27. 用一支很粗的笔就能画成下图：

28.

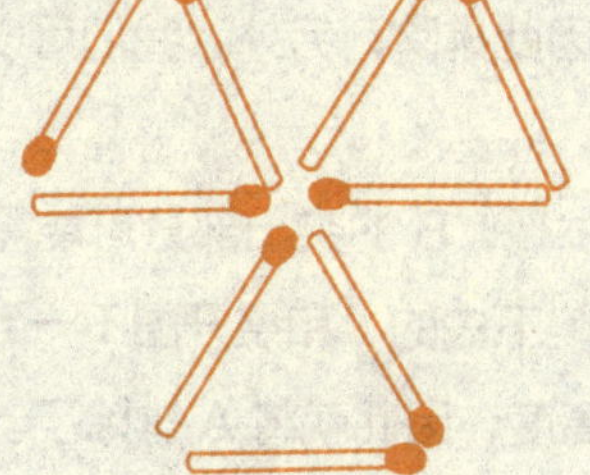

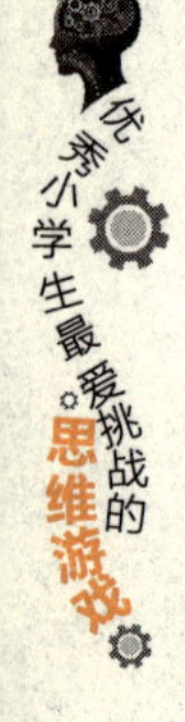

29.

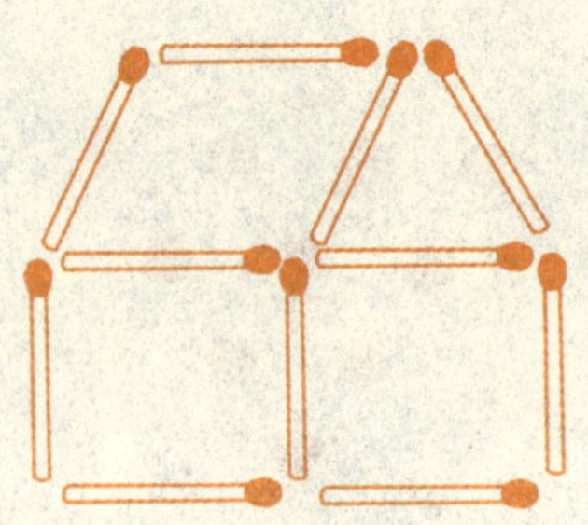

30. 6刀。

31.

32.

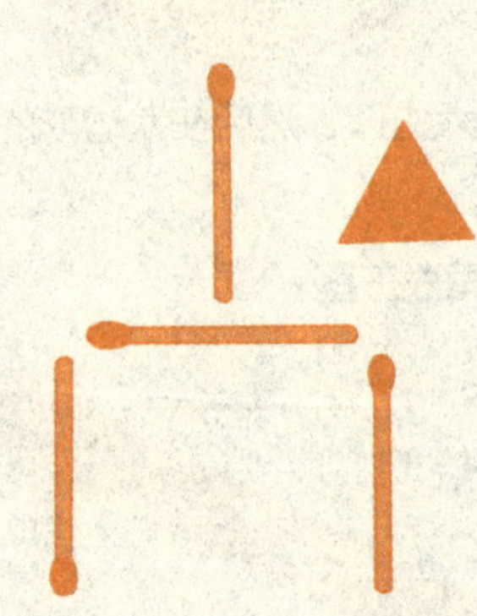

33. D。仔细观察便可发现，图中箭头的数量表示上面对应的正方形中直线的条数。而下面的这几个图则表示上面正方形的旋转方向。由此可以看出，上面的几个正方形是按照顺时针的方向旋转的，因此答案选 D。

34. C。仔细观察便可发现，左边的图形的一侧是涂有颜色的，而选项中的 B 和 D 的侧面是没有颜色的，因此排除。另外，我们可以看出左边图形涂有颜色的侧面较长，因此就将 A 排除了。

35. D。仔细观察便可发现，B 的突出部分可能需要一整幅图来完成，因此排除。而 C 图中有一部分是凹陷下去的，和展开图不一致，因此排除。而通过左边的图我们可以判断突出部分的高度，因此就将 A 排除了。

36. C。

37.

123-4-5-6-7+8-9=100

38. 从豆腐侧面平行切入，然后在豆腐上方横竖切出一个正十字。

39.

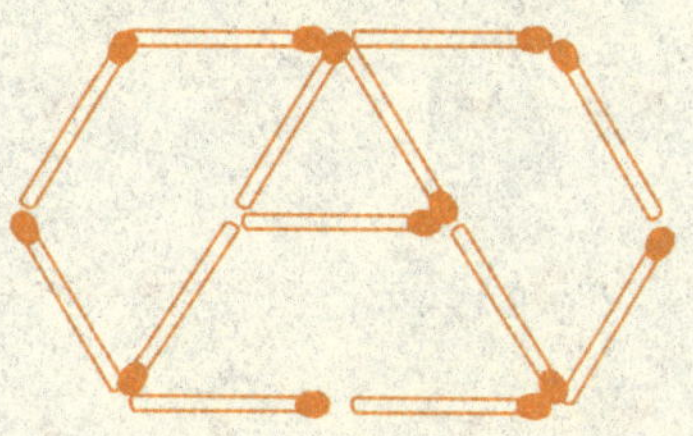

40. 这个题只停留在平面上是不可能完成的，要向着立体空间拓展，组成一个立体的图形，也就是两个有个共同底面的三角锥体。

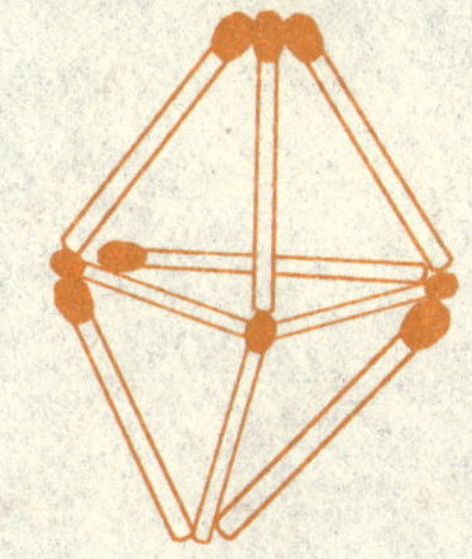

41.

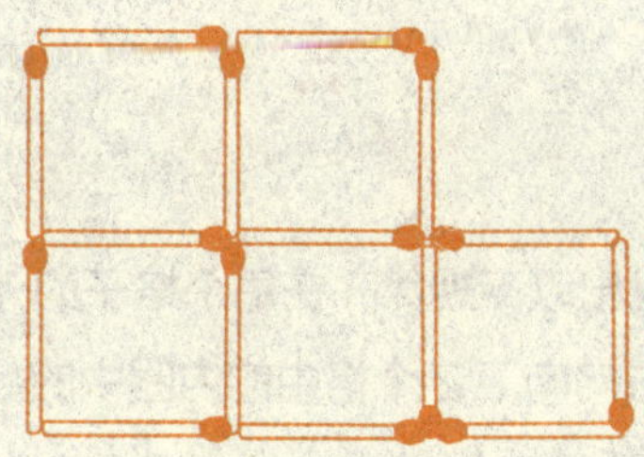

42. 有可能由 5、6、7、8 个面组成。

43. 16 个。

44. 三种可能，会剩下 5 个、4 个和 3 个角。

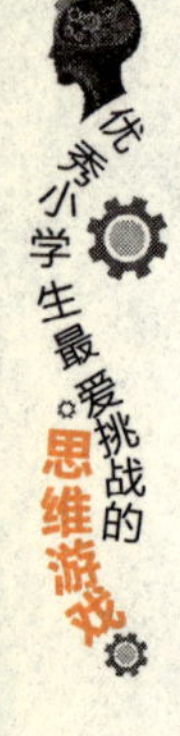

45.

46.

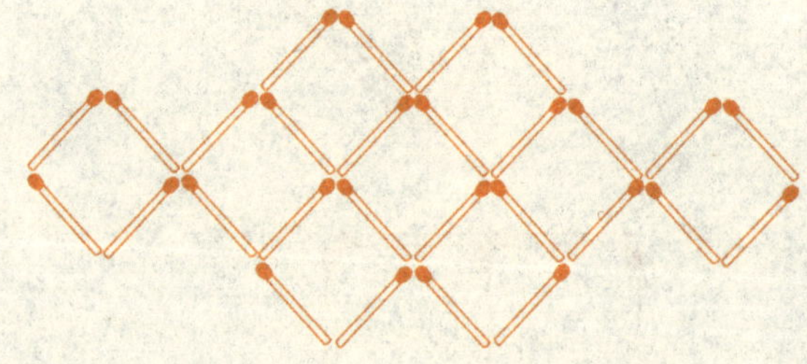

47. 4。从图中可以找出以下规律：在每个格子的外圈中，每两个数字相乘所得的数，就是沿着顺时针方向向下 2 个格中的内圈中的数，因此问号处的数字乘以 5 等于 20，问号处的数字应该为 4。

48.

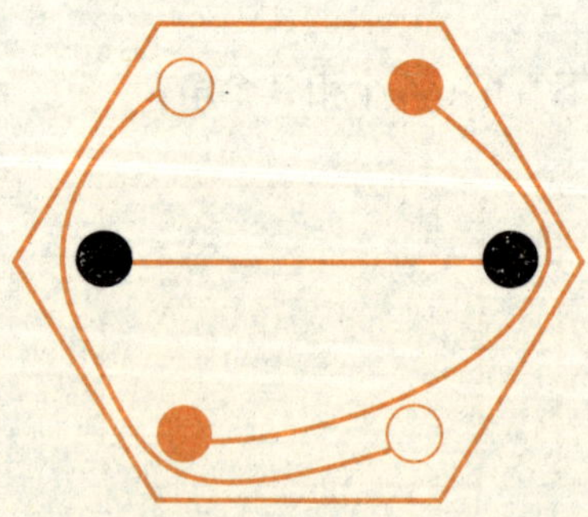

49.

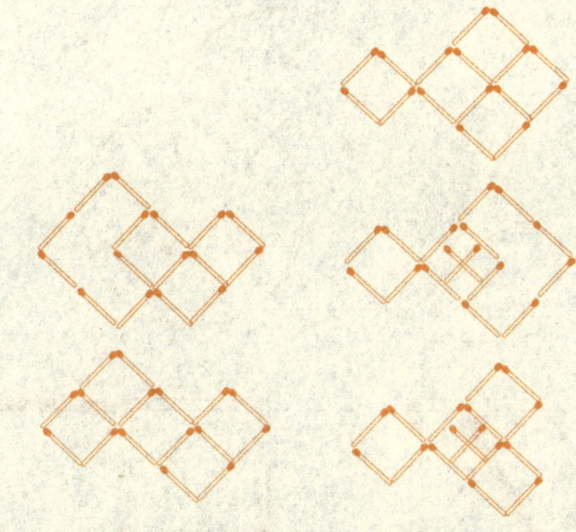

50.

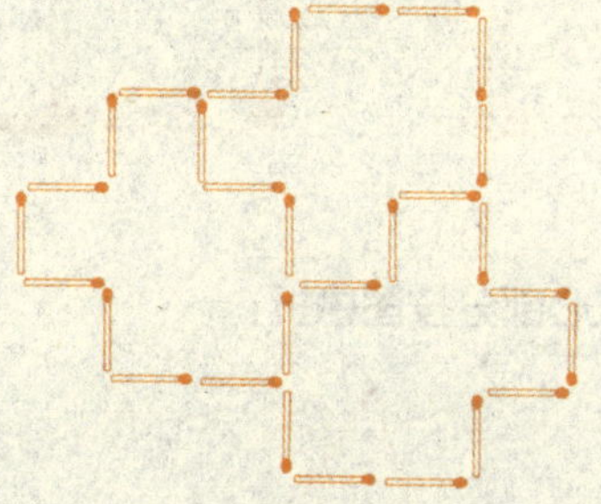

51.

52. 虚线部分为需要扩展的区域，即将树作为每个边的中点。

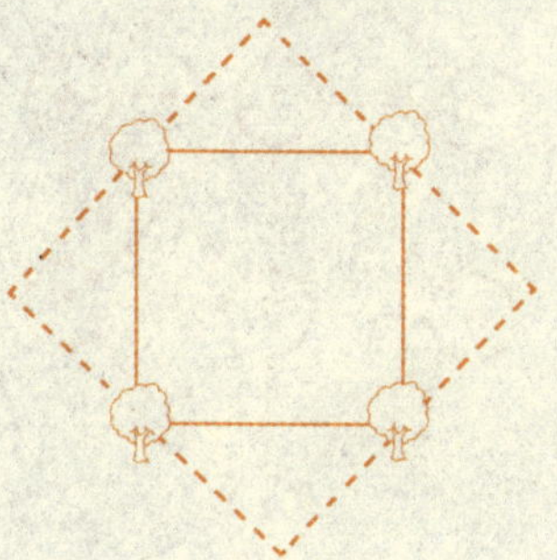

53.

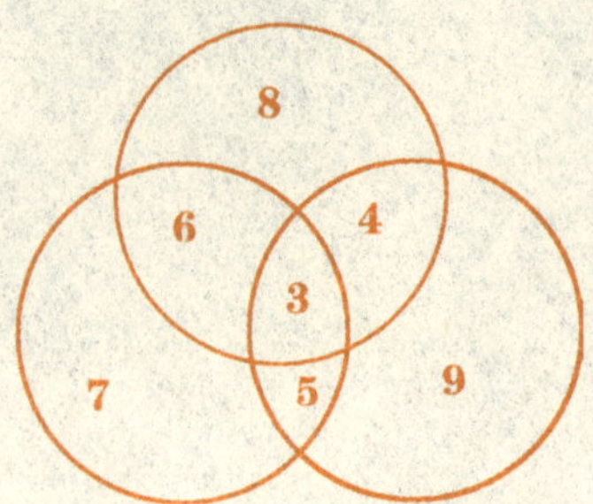

54.

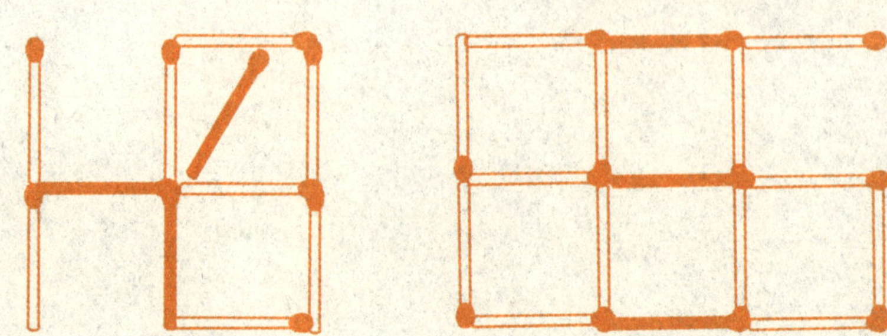

55. 苹果。

56. 先将外部抛开，核心部分按图中折：

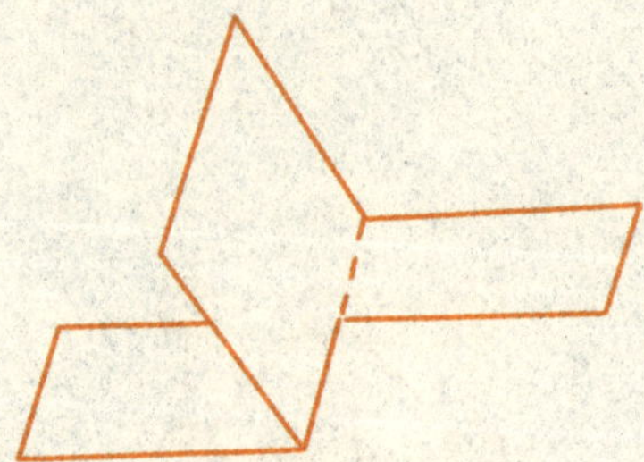

57.

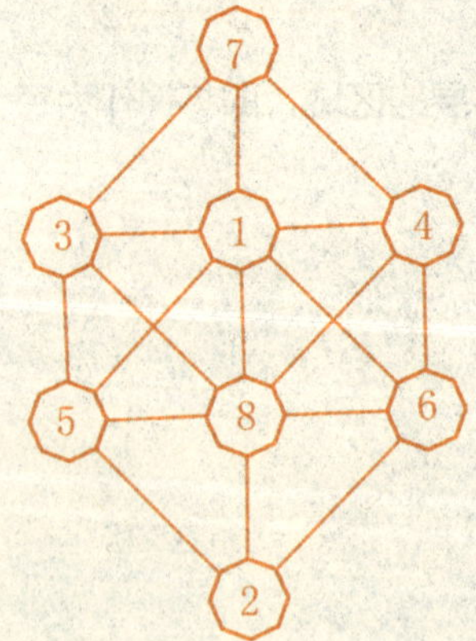

58.

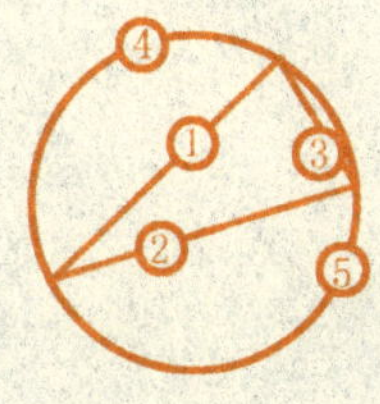

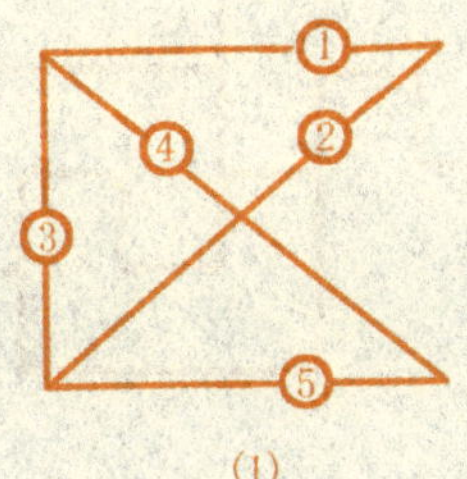

(1)

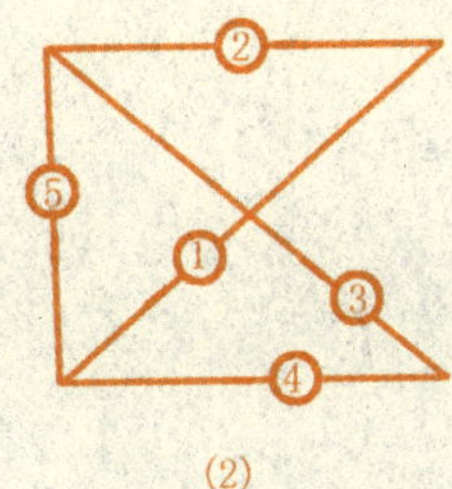

(2)

59.

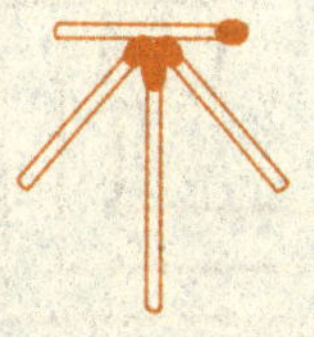
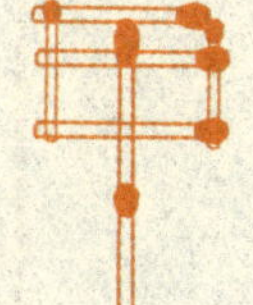
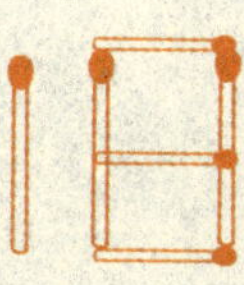

60.

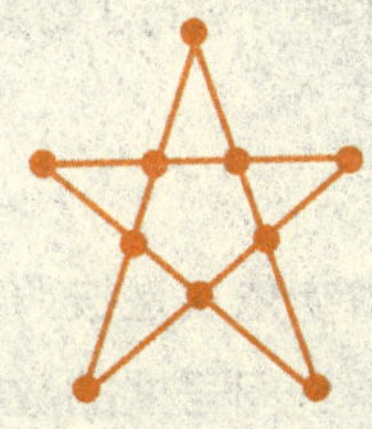
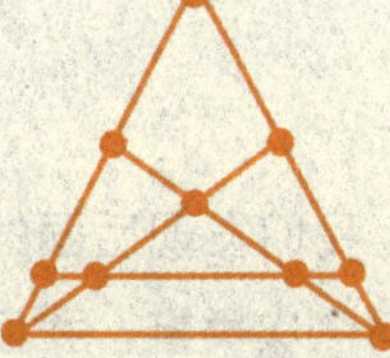
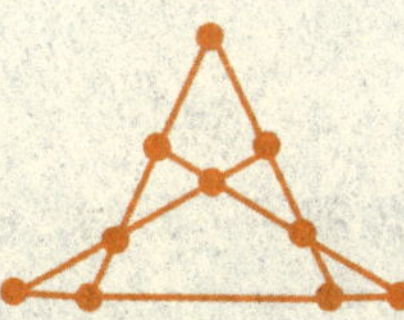
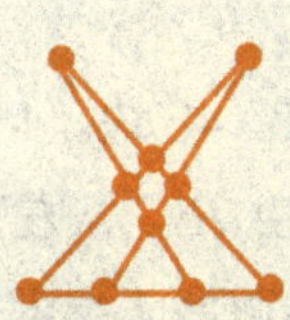

61.

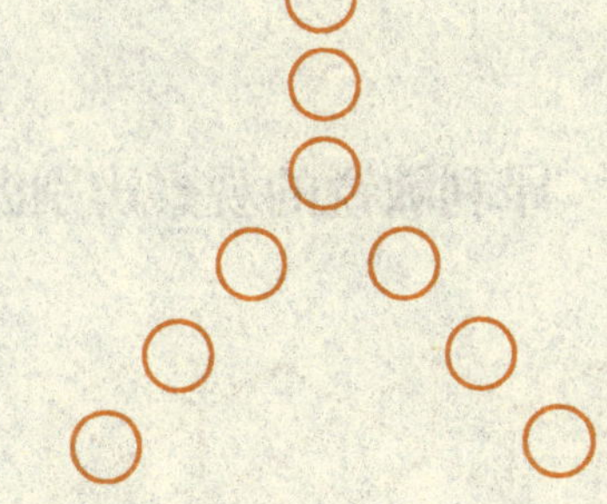

62.

63.

64.

65. 当小欣的朋友走到只有左转或右转的 T 形路口时，告诉她只要左转就可以。

66. 将平行线沿对角线剪短，然后将右半部分顺着切口往下移一个就行了。

67. 8 个。

68. 48 块。4×4×4-16=48。

69. 76。从左下角数字 7 开始，由上我们发现后面的数字依次是按照乘以 2 然后再减 7 得到的，沿着顺时针的方向依次类推，我们得到问号处的数字是 38×2=76。

70. E。

第 2 辑　犀利敏锐的观察辨别游戏

71.

72. 箭头 E 和箭尾 3 是匹配的。

73. Z 是黑色，因为黑色的字母可以一笔写完，其他的字母不可以。

74. 11 个。

75. 将 3、5、7、10、12、14 六环解开后，所有环也就解开了。

76. 虽然这些线条看起来有长有短，但是实际上所有的线条长度都是一样的。

77. 眼睛画错了，上睫毛短，下睫毛长；上唇和下唇位置颠倒过来了。

78. 钳子，其他四种都是锯状品。

79. 你发现了没？这是电脑键盘上的前三列字母。

80. 三人一样高。

81. 你可以将靶子涂上深浅不同的颜色，最后会显示出个靶子有 17 个。

82.

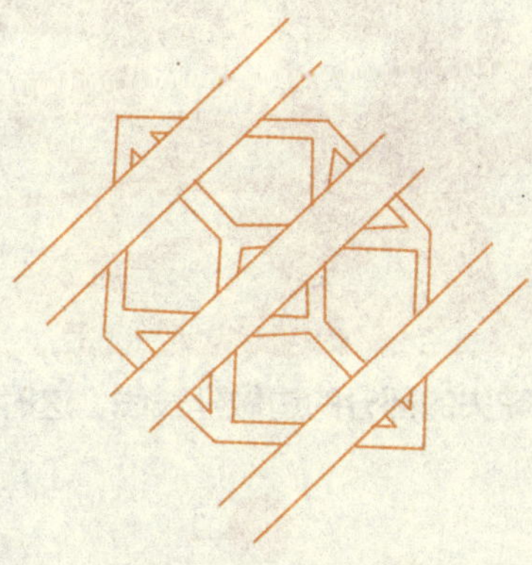

83. 从长的那一边剪开大约 2/3，然后向下折，并将这部分折到反面，然后再在另一条边上剪 1/3，将这一部分向上折，就可以完成了。

84. 假如我们用尺子量一下会发现，其实这个人的眼睛并没有出现错位的情况，只不过是我们的视觉受到了两个圆孔的影响。

85. 略。

86. 这些图形的角度都是 90° ，大小是一样的。

87. 不同的一幅图是 D，图中黑块部分既没有在图形中间也没有左右对称。

88. 只要能说出以下其中一种不同即可。

第一个和其他三个不一样，因为只有它是由一条封闭的曲线构成的。

第二个和其他三个不一样，因为只有它是由一条曲线和一条线段构成的。

第三个和其他三个不一样，因为只有它是由两条曲线构成的。

第四个和其他三个不一样，因为只有它是由线段构成。

89. B。我们仔细观察左边的图会发现，小长方形和圆形有一个共同点，而大小长方形没有共同点。图中只有 B 再加上一点后符合这个条件。

90. B。

91. 一样大，平行。

92. 15 条。

93.

94. 我们沿着各个圆缺失的部分的边做延长线，这时就会发现，只有一个图形是排除在外的。

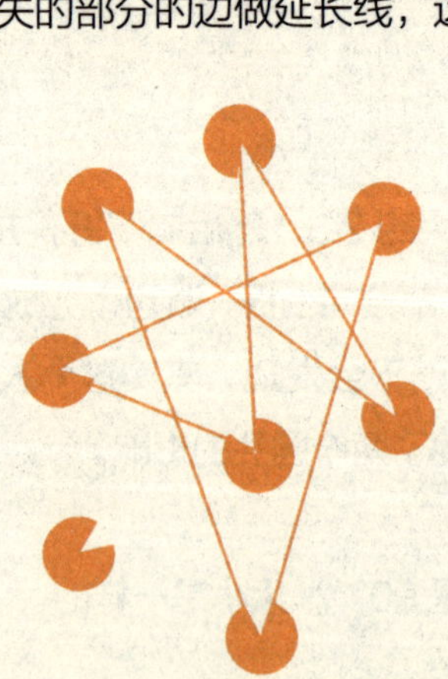

95. D。

96. 第二幅和第三幅没有打结。

97. 经过仔细观察可发现，三幅图中三个轮子相对应的每一部分分别有一黑二白，而黑瓣的位置也各不相同，此题中缺少的那一部分的黑瓣应该在最左边。

98. C。

99. 完全一样。也许从表面看来这三个圆弧的弯曲度有很大的差别，但是事实上它们是一样的，只不过上面的那条弧线比下面的两条要长。因为图中给出的只是一条曲线的一小部分，我们的视觉系统无法感觉到它是曲线，因此才造成了这样的误差。

100. 略。

101. 一样。其实被围在中间的圆的大小是一样的，我们之所以看着一个大一个小是因为它旁边的参照物不同。

102. 略。

103. 略。

104. 略。

105. 略。

106. 略。

107. 略。

108. 略。

109. 略。

110. 略。

111. 18。

112. 略。

113. 尽管图中竖直的线条看起来是倾斜的，但事实上却不倾斜，旁边的斜线会让我们产生错觉。

114. 略。

115. 自左向右依此是梅花 9、梅花 10、黑桃 10。

第 3 辑　出其不意的创新思维游戏

116. 将裤子前后反穿就可以了。

117. 人们都不喜欢吃亏。

118. 西瓜。

119. 锤子是不会破的。

120. 他们交的卷子都是白卷。
121. 阿紫是监考老师。
122. 傻瓜。
123. 从南边来和向北边去是同一个方向，两人可以一前一后过桥。
124. 跷跷板。
125. 两个都捡。
126. 因为猪粪很臭，它用两只脚把鼻子捏住了。
127. 是大力士他自己。
128. 当然是黑鸡厉害，因为黑鸡可以下出白蛋，而白鸡下不出黑蛋。
129. 七月和八月、十二月和一月。
130. 手套。
131. 0。
132. 同年同月同日结婚。
133. 因为树不会跳。
134. 四十五。
135. 水。
136. 日报。
137. 双胞胎兄弟自己。
138. 前功尽弃（前公尽弃）。
139. 还剩八个角八条边。
140. 女人。
141. 因为长得胖的人比长得瘦的人晒的面积大。
142. 推开门。
143. 阿京去追小偷。
144. 亲口把母鸡吃了就能分出老嫩。
145. 做梦。
146. 记录。
147. 妈妈的膝盖。
148. 喂草。因为你在向人提问的时候他会把“喂什么”听“成为什么”。
149. 因为那四只是鸵鸟，它们是跑走的而不是飞走的。
150. 小女儿是小梅。
151. 有一只是犀牛。
152. 理发师。

153. 在天空中。

154. 阿拉伯数字。

155. 马桶。

156. 骗人用的。

157. 母鸡。

158. 小比目鱼。

159. 忘记锁门。

160. 没有喝瓶子。

161. 没有开玩笑。小胖刚出生的时候体重只有 3 公斤。

162. 地球。因为地球有重力，皮球会自动下落。

163. 如果这次游行是正义的，上天就会保佑我，如果是错误的，恶势力是不会伤害我的，因为我们是一起的。

164. 多了一个人。

165. 7 条，因为蚯蚓被切成两段也能活。

166. 列队的教官。

167. 都不允许，因为遗孀的意思是死了丈夫的女人，死人是不能娶任何活人为妻的。

168. 他是来看一直摇头停不下来的毛病的。

169. 让鸡蛋从离地面三米处下落。

170. 人。

171. 只炒一粒黑豆一粒黄豆。

172. 星期六。

173. 先点燃火柴。

174. 找一吸管直接插到瓶底就可以了。

175. 将火柴中间折弯。

176. 都是错的，因为飞机不管是飞过南极还是飞过北极都会改变飞行方向。

177. 瀑布。

178. 他老婆是弯下腰后倒着进来的。

179. 因为他下星期就要被枪毙了。

180. 小偷自首了。

181. 孕妇。

182. 尾巴朝向地面。

183. 我放弃，不考试了。考官不允许再关放弃考试的学生。

184. 我可以把你吃了。

185. 因为车上只有三个人：乖乖、司机和售票员。

186. 因为人的眼睛有左右之分，所以镜子里的画面自然能左右颠倒了。

187. 什么也看不到，因为没有光。

188. 略。

189. 小狗们都不流汗。

190. 那男孩是女犯人在监狱里生的孩子。

191. 3 个人。

192. 如果用走的话太慢了。

193. 一个也掰不了，果园里没有玉米。

194. 他拨的五个号码都是空号，所以总台就会传来一个女孩的声音请他查证后再拨。

195. 不会，因为 72 个小时之后，美国还是黑夜。

196. 咖啡杯里是干咖啡。

197. 小瓦是光头，没有头发。

198. 落落在途中吃了一些身上的食物。

199. 他是个盲人。

200. 因为这么大的葫芦挡住了远处钟楼上的大钟。

201. 长江。

202. 人们故意弄成这样的，因为木制的电线杆烧焦后埋在土里可以避免腐烂。

203. 总裁还是总裁，因为总裁没有去世。

204. 张先生是公交车司机。

205. 一卦也没有，因为他已经问了两个问题。

206. 开电梯的。

207. 司机开的车是献血车。

208. 他从座椅上跳到了机舱里。

209. 小羊长大变成大羊了。

210. 抢劫的人将保镖和珠宝一块儿抢走了。

211. 她们是三胞胎或多胞胎。

212. 王教授说："自称 20 岁的女子实际上已经 30 岁了。"

213. 妞妞说："我想租你的房子，我没有带小孩，只带了两个大人。"

214. 因为别人踩到香蕉皮，将安阳给撞倒了。

215. 体重最重的那个。

216. 提名最多的第二候选人。

217. 她丈夫会说意大利语。

218. 他将桌腿射断了，桌子一倒上面的东西自然会倒。

219. 放到墙角。

220. 有可能，小草先把车慢下来然后加速追赶。

221. 直接说买锤子。

222. 摩托车倒着行驶 3 公里。

223. 爸爸送的礼物是飞盘。

224. 香香家的车已经沿湖跑了一圈，又快追上那辆旧车了。所以香香才会看到他跑在前面。

225. 因为这个小品的演员深受人们喜爱，不过可惜的是昨天去世了。

226. 威尔逊近 20 年都没有开车。

227. 因为小小是一头长颈鹿，长颈鹿的平均血压是人类的三倍。

228. 郑先生在第二天早上 7 点到的家。

229. 当他们打开瓶子后，瓶盖上有一行字：恭喜您，中奖了，再来一瓶。

230. 因为另一辆车是灵车，车上的乘客早已经死了。

231. 聋子虽然听不见，但他可以说话，他可以用话来提醒小女孩后面有危险。

232. 青蛙不可能跳出去，因为它每次跳起后都会落下。

233. 他虽然没有双眼但还有一只眼，他看到树上有很多甜杏，摘了一些留了一些。

234. 女孩是倒着走的。

235. 一共有 18 颗，正面 8 颗反面 10 颗。

236. 因为他小时候遇见的大人都比他高。

237. 他在半空中就被吓死或心脏病突发而死。

238. 那日历是去年的。

239. 石料是粉末，形状的变化与装石料的容器有关。

240. 小美是个婴儿。

241. 老人的孙子是电视台或电台的播音员。

242. 因为给两个女孩理发挣得钱多。

243. 因为这里各项条件都不错，所以有很多癌症患者都来这里休养，一些重病患不治而死从而加大了这里的死亡率。

244. 因为这是国际象棋比赛。

245. 小薇是骨科医生，小妮是眼科医生。

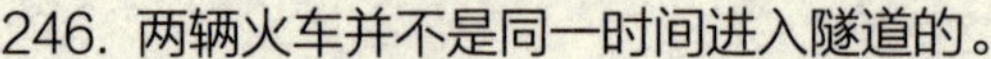

246. 两辆火车并不是同一时间进入隧道的。

247. 这个鹦鹉是聋子它听不见。

248. 坑里没有土，因为都被挖出来了。

249. 工程师所说的一公里是指铁轨之间的缝隙加起来有一公里。

250. 因为两人面对面坐着。

第4辑 焕然一新的发散思维游戏

251. 在绳子的中间打一个活结，然后从活结的中间剪开，绳子就不会断，因此苹果也就落不下来。

252. 先把 9 只羊赶到一个羊圈里，然后再在羊圈外面围 9 个羊圈。

253. 姐妹俩交换了赛车比的，因为她们都想让对方的车速快一些。

254.

255. 他们将洗衣机又搬回了超市内，当警察上来盘问时，就说是超市的晚班送货员。

256. 前两个不能成功，第三个最少需要四次。

257. 将足球的气放掉，然后折成正方形，将鸡蛋放进去带回家。

258. 温度高的冷得快。

259. 1961。

260. 包大人下令将女孩分成两半，两位母亲一人一半，其中一个母亲同意，另一个不同意。不同意的那个是真正的母亲。因为没有任何一位母亲看见自己女儿被分成两半还无动于衷。

261. 对，处于地球自转，佛山六个月前是冬季，而西半球则是夏季。

262. 你可以后退一段距离，这样原来在你头顶的树叶就会在你眼前了。

263. 阿震第一个问题是：你愿意和我吃饭吗？第二个问题是：对这个问题的回答，和对第一个的回答一样吗？这样，假如阿香在回答第一个问题时说不，那她在第二个问题上不管怎么回答，都会发生矛盾的状况，因此对于第一个问题，她只能说是。

264. 5 毫米。需要注意的是这里提到的是古装书，古装书的话是向右面翻页阅读的，那上册的封面恰好挨着的就是下册的封底，因此书虫咬的书的厚度就是 2.5+2.5=5 毫米。

265. 罗刚说："你刚刚答应我娶你的女儿。"

266. 词词听到了低糖牛奶的价格，并且他的一元可能是由一张五角、两张两角、一张一角组成的，如果他不是要低糖牛奶，就不会把一角也放到柜台上了。

267. 8 站。

268. 10 位侍妾立刻把自己的丫鬟全部赶了出去。

269. 第一步，用天平将全部白糖分成均匀的两份，每一份 70 克；第二步，用天平把 70 克的白糖分成均等的两份，每一份 35 克；第三步，在天平的左端放 7 克的砝码，右端放 2 克的砝码，然后将 35 克的白糖分为两份，在天平的两端各放一份，这样天平左端有糖 15 克，右边有糖 20 克，天平保持平衡；最后，70 克和 20 克相加得 90 克的糖，35 克和 15 克相加得 50 克的糖。

270. 在守门人巡查的空隙跑进城堡，然后当守门人巡查时假装从城堡出去，这样就会被守门人赶回城堡。

271. 北极或南极。

272. 从其他三个车胎上个拧下一个螺丝安到备用胎上，这样慢慢行驶就可以到达修车店了。

273. 果农可以将李子放到水里，然后用绳子拉着李子走就可以了。

274. 将两件衣服放到太阳下晒一晒，比较热的那个是黑衣服。因为黑衣服比较吸光。

275. 将绳子的两端绑在一起，然后在接头处剪了一刀。

276. 先把猫带过去然后返回再把一条鱼带到对岸，再次返回的时候带上猫，然后把另一条鱼带到对岸，然后再回去带上猫过河。

277. 将两只瓶子都放在水面上，然后把油倒来倒去直到浮在水面上的高度一样时，油也就被平均分好了。

278. 李老师让甲女孩把蘑菇平均分成两堆，然后让乙女孩先挑，剩下的归甲女孩。

279. 先测量酒的高度，然后把瓶子颠倒，再测量出圆柱部分空气的高度。如此，就能得出整个瓶子的容积有多大，然后就能得出答案。

280. 将四个半杯的果汁倒成满果汁两杯，这样就有九个满杯，三个半杯，九个空杯。三人可以平分。

281. 木匠可以对地主说：“你正不想给我工钱呢。”这样不管地主说他的回答是对还是错，他都必须付给木匠工钱。

282. 狼可以钻进笼子后将羊咬死然后弄成小块，然后再把这些小块儿拖到笼子外面吃掉。

283. 用沙子将小洞慢慢灌满，这样小鸟就能随着沙子不断增多回到洞口。

284. 芝芝是按这样的顺序把 1000 个红枣放进 10 个包里的：1、2、4、8、16、32、64、128、256、489。

285. 钻石手链是从第七个开始分，而珠宝商人改为了从第八个开始分。

286. 郭老去王老家之前将家里的表上了发条并将时间拨到了整点。他到邻家将自己进去和出来的时间记得很清楚，两个时间之差就是他在王老家待的时间。然后他回家后看到自己家钟表的时间就清楚自己在外面的时间。这个时间减去下棋的时间就是来回路上的时间，这个时间的一半就是从朋友家回来的时间。然后他把从王老家走的时候看的时间加上他在路上的时间就是他到家的准确时间。

287. 先将一些冰块放到台座上，然后把绳索捆绑的石像放到冰上，将绳索放到冰块之间的空隙中，石像放好后就可以抽走绳索。冰块融化后石像就能平稳地放在台座上。

288. 因为秀才是诚实的，员外给他们的 50 粒麦种中只有五粒是生的，可以发芽；其他 45 粒麦种都是煮熟的，不能发芽，秀才是个诚实人。

289. 徒弟画的是观音弯腰捡柳枝的画像，观音站直后正好九尺。

290. 拿 100 颗圆球，这样获得金子的几率和拿两个球的几率是一样的，但是却能得到更多的金子。

291. 装好黄豆并绑紧袋子中部后，将袋子从里面翻过来再装玉米。这时候就可以将绳子解开倒黄豆了。

292. 8 小时。小闯从星期一晚上十一点学到星期二凌晨一点，这样一回就学了两天。星期三和星期五也是如此，然后和星期日的两小时相加正好是八个小时。

293. 是朝鲜人亲吻了自己的手背，然后打了日本军官一巴掌。

294. 确定谁拿了最后一张牌，然后倒着发。

295. 小偷不着急进去，他先围着围墙走了几圈，恶狗会随着小偷转，这样狗的链子就会缠到树上，缩小看护范围。当狗够不到门窗时，小偷就可以进去了。

296. 往天平两端各放两个台球，这时放次品的那端一定会比另一端重。然后再从两端分别拿下一个台球，假如天平保持平衡，那从重的那端拿走的台球便是次品；假如天平不平衡，那么重的那端就是次品。

297. 他把球投入了自己的篮中，这样乙队会白得两分，甲乙两队打平，根据篮球比赛规则加时五分钟，甲队在加赛的时间里高出乙队六分。

298. 我们可以将塑料管弯曲组成一个圆，让管口两端对接到一起，然后让三颗黑球从对接处滚到另一管中，然后恢复管子原来的形状，这样就能把管子中的白球拿出来了。

299. 因为如果他说木匠在说谎，就得给木匠一半财产，所以就只能承认了。

300. 往玻璃杯中继续倒水，直到杯里的水高出杯子边缘一点，形成突起，这时候水壶塞就会自己慢慢向玻璃杯中央移动。

301. 聪明人从自己家里带来一头牛放到 17 头牛里，加起来是 18 头牛，然后根据遗嘱，分了老大 9 头，老二 6 头，老三 2 头，正好剩下一头，聪明人就把自己的牛又牵回去了。

302. 让做饭的人把饭分成三份，然后由其他两个人先挑。这样最后一碗饭是做饭的，所以他在分饭的时候会尽可能的平均分。

303. 第一分钟，烤第一片面包和第二片面包的正面；第二分钟，将第二片面包取出，放入第三片面包，这样就能烤第一片面包的反面和第三片面包的正面，一分钟后，第一片面包烤熟，第二片和第三片面包的正面也都烤好；第三分钟，烤第二、第三片面包的反面，这一分钟结束后，三片面包也就烤好了。

304. 李妈妈可以先讲入有开关的那屋，打开一灯。15 分钟后，再开另一个。然后去有灯的那屋，有温度的灯泡，明亮的灯泡，灭的灯泡，这样就明白啦。

305. 秀才说：“那要看水桶有多大了，如果有水池的二分之一大，那水池里就有两桶水；如果有水池的三分之一大，那水池里就有三桶水；以此类推。”

306. 猫，狗在跃过第一个栏杆后，没有足够的距离让它们助跑，所以不会跨过第二个栏杆。

307. 时间不变。

308. 小雨摸到球后，一把就把它扔了出去，然后对小亮说：“把袋子里的另一个球拿出来就明白我摸到了什么颜色的球啦。”

309. 他用 100 铢甲国的钱在甲国的店里买了 10 铢的商品，然后让店主给他乙国的钱因为他要去乙国，所以店主就给他换成 100 铢乙国的钱，到乙国后，如法炮制，就是这样赚钱的。

310. 我们可以将轮胎分为 1-8 号，每跑 5 千里换一次轮胎，轮胎可以这么用：123、124、134、234、456、567、568、578、678。

311. 秒针要经过 61 次。

312. 花费的时间一样。80 分钟就是一小时又二十分钟。

313. 母马 23 匹、公马 7 匹、小马 470 匹。因为小马在三个月后会长成大马。

314.

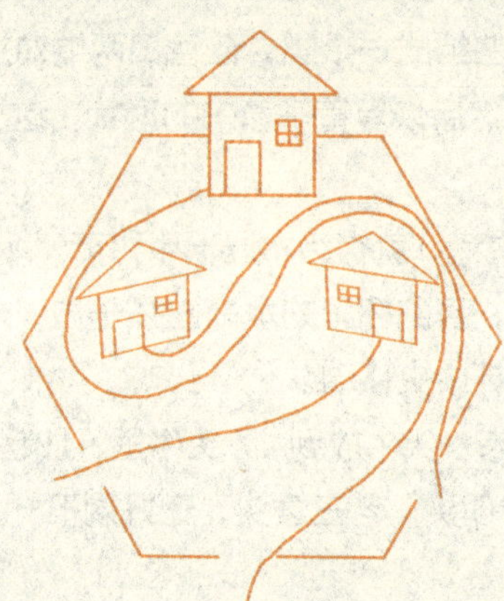

315. 游人把小岩石放到了大岩石下面。就是将大岩石下面的土挖开，然后放进小岩石。

316. 1/2。

317. 往船上加一些重物，增加船的吃水量。

318. 张师傅将汽车上轮胎的气放掉了一些，当轮胎中的气被放掉的时候，汽车的整体高度就会因此下降，当汽车的高度降到能通过桥洞的时候，就停止放气，这样汽车就能顺利通过桥洞了。

319. 不能，因为水涨船高，绳子绑在船上面，潮水一涨，船自然会涨而绳子也会涨。仍然是绳子最下面的手帕接触水面。

320. 一枪，凶手开枪的时候，被害者正背着窗户弯腰，所以子弹才会打穿他的大腿后击中胸部。

321. 天平最后会保持平衡状态。冰融化重量变轻冬瓜会下沉滚走，冰完全融化后变成水蒸发，所以天平最后会平衡。

322. 原来的排列是按照四边形排的，现在可改用六角形排法。因为圆柱体物品用六角形排可以节省空间。

323. 因为报社提前已经印好了两份报纸，一份是判处邦德有罪的，一份是无罪的。一等到判决完毕就可以把正确的那份发出去。

324. 第一个人得满瓶酒三瓶，半瓶酒一瓶；第二个人得满瓶酒两瓶，半瓶酒三瓶；第三个人得满瓶酒两瓶，半瓶酒三瓶。

325. 师傅说的一百一十座寺庙是一柏、一石、一座庙。

326. 不三不四

接二连三

三五成群

得寸进尺

丢三落四

七零八落

327. 还是 30°。

328. 因为他们看的角度不同。如 9×9=81 会被看为 18=6×6。

329. 他按八尺的长度裁了一边。

330. 他们是祖孙三代，祖父给了自己儿子 20 元，然后爸爸又给了自己的儿子 10 元。

331. 连续不断的炮轰可以增加降雨量。

332. 可以，因为他随便拿出一个球就可以说是观众选的，因为四个球一模一样。

333. 一个人的箱子里有硬币和纸币两种，一元的是硬币，两元的是纸币，所以很容易；而另一个人则全部是纸币所以花费的时间长。

334. 最少 6 人。

335. 此题“错误”一次共出现三次，可是却说有四次“错误”这也是一次错误，所以是四次错误。

336. 用英语说。

337. 甲和乙比的是羽毛球，和丙比的是围棋。

338. 不会，哥哥会一直出石头，这样不管弟弟出什么都是输。

339. 赵先生开的是飞机。

340. 甲乙两人住对门。

341. 孩子下降——小狗下降，孩子上升——托尼下降，小狗上升——孩子下降——小狗下降，孩子上升——孩子下降——妻子下降，其他人和狗上升——孩子下降——小狗下降，孩子上升——孩子下降——托尼下降，小狗上升——小狗下降，孩子上升——孩子下降。

第 5 辑　不拘一格的演算思维游戏

342. 雪糕花了 5 角。

343. 39 瓶。

344. 9×8 + 7 - 6 + 5×4 + 3×2 + 1=100。

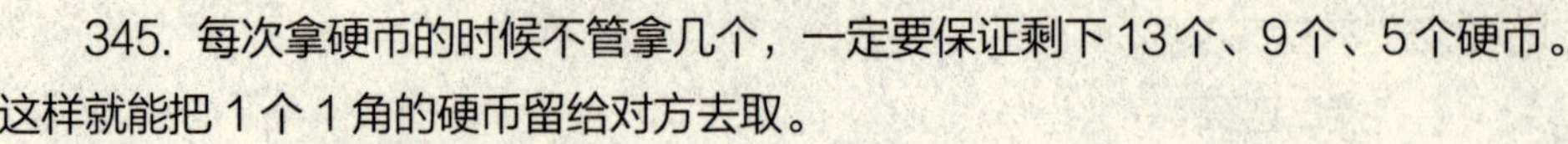

345. 每次拿硬币的时候不管拿几个，一定要保证剩下 13 个、9 个、5 个硬币。这样就能把 1 个 1 角的硬币留给对方去取。

346. 老工人已经 74 岁了。

347. 他损失了 100 元

348. 2519 个糖果。

349. 119 个。

350. 因为骰子上两个数字之和是 3 或 4 的概率比 7 或 8 小得多。

351. 有 20 亩地。

352. 20 个。40-49 中就有 11 个 4 字。

353. 1 只狮子和 7 只狼的重量相等。

354. 一枚 1 角硬币、两枚 2 角硬币、一枚 5 角硬币。

355. 楼上一共有 60 位客人。

356. 有 63 人既要负责生产又要负责杂活。

357. 300（米）+700（米）=1（千米）
240（小时）-24（小时）=9（天）

358. 孩子的妈妈 32 岁了。

359. 包括霍尔在内一共有 31 人。

360. 1.12345679×（27）=333333333
2.12345679×（36）=444444444
3.12345679×（45）=555555555
4.12345679×（54）=666666666
5.12345679×（63）=777777777
6.12345679×（72）=888888888
7.12345679×（81）=999999999

361.（5+5）÷（5+5）=1
5÷5+5÷5=2
（5+5+5）÷5=3
（5×5-5）÷5=4
5×（5-5）+5=5
55÷5-5=6

362. 8+8+8+88+888=1000

363.（1 + 2）-（3 + 4 - 5）=1
（1 + 2 + 3 + 4）÷5=2

（1 + 2 + 3×4）÷5=3

1×2 + 3 + 4 - 5=4

1 + 2 + 3 + 4 - 5=5

1×2 + 3 - 4 + 5=6

1×2×3 - 4 + 5=7

1 + 2×3 - 4 + 5=8

1 + 2 - 3 + 4 + 5=9

1 + 2 + 3×4 - 5=10

364. 1+1+3+3+3+3+3+3=20

1+1+1+3+3+3+3+5=20

1+1+1+1+3+3+5+5=20

1+1+1+1+1+5+5+5=20

1+1+1+1+3+3+3+7=20

365. 1/4。

366. 3×4 - 5 + 6=13

（7 + 8）×9 - 10=125

（11 + 12 - 13）×14=140

367. 他一条鱼也没钓到。6 去了头就是 0，8 从中间截断是两个 0，9 把尾去掉是个 0。

368. 一只鸭的重量为 4 斤。

369. 至少 5 段：1 厘米、2 厘米、4 厘米、8 厘米、16 厘米。

370. 他做对了 9 道题。

371. 星期六。

372. 可以回到最初的地点，一共走了 24 米。

373. 大哥 17 岁、二哥 11 岁、老三 8 岁。

374. 6 种。1 的 234、243、324、342、432、423 次方。

375. 一共要点 400 次。

376. 甲公司工资较高。

377. A 打了 2 只兔子；B 打了 9 只兔子；C 打了 8 只兔子；D 打了 3 只兔子；E 打了 30 只兔子；F 打了 23 只兔子。

378. 现在是 7 点 7 分 39 秒。

379. 老爷爷买了 120 个苹果，这周有 24 个孩子过来。

380. 小莲一共骑了 200 千米。

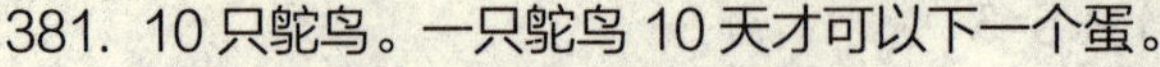

381. 10 只鸵鸟。一只鸵鸟 10 天才可以下一个蛋。

382. 两种方法抽取大奖的几率是相等的。

383. 这个数字是 156。

384. 一共有 2401 个樱桃。

385. 要 362880 天后，大约是 1000 年后，所以是不可能的。

386. 绳子长 48 米，木板长 10 米。

387. 当标准时间 12 点 40 分的时候，这只不准确的钟表的指针才能指到 12 点。

388. 他 5 岁了。

389. 1/12。

390. 3 口人，4 个桃子。

391. 小猫需要 19 天。

392. 铅笔的售价是 1 角、1 角 5 分、2 角的，他们都是 5 分的倍数，所以根本不会出现 6 分的情况。

393. 女子、男孩、女孩分遗产的比是：2 ：4 ：1。

394. 3581、7162。

395. （5）+（4）=（9）

（8）-（1）=（7）

（2）×（3）=（6）

396. 甲原来有 26 件物品；乙原来有 14 件物品；丙原来有 8 件物品。

397. 孙老有 3 个孙女 3 个孙子，孩子们每人得到 2 个 1 元三个的笔记本和 1 个 1 元一个的笔记本。

398. 可能。上个月是 2 月，只有 28 天；两人在上个月也就是 1 月 17 日结的婚。

399. （1+2）÷3=1

1×2 + 3 - 4=1

[（1 + 2）÷3 + 4] ÷5=1

（1×2 + 3 - 4 + 5）÷6=1

{[（1 + 2）÷3 + 4] ÷5 + 6} ÷7=1

[（1×2 + 3 - 4 + 5）÷6 + 7] ÷8=1

400. 老爷的生日是 1 月 8 日。

401. （3）÷（2）+（5）-（1）= 22÷（4）

402. 那个人买了 16 个苹果，又吃了 2 个苹果，所以小静卖出了 18 个苹果。

403. 姐姐 70 颗糖果；妹妹 50 颗糖果。

404. 小书将时间进行了重复计算。

405. 1. 2 + 3×4 + 5×6 + 7×1=51

2. 5 + 6×7 + 1 + 2 - 3 + 4=51

3. 6×7 + 1 + 2 - 3 + 4 + 5=51

406. 红红是 1986 年出生的。

407. 12 点零 5 分是作案时间。

408. 18 和 81、29 和 92。

409. 小说家在 1814 年出生，在 1841 年去世。

410. 8712 是新号码。

411. 2 角的邮票 5 枚、1 角的 50 枚、5 角的 8 枚，这些加起来是十元。

412. 老师 25 人，孩子 75 人。

413. 没有灭的蜡烛最终都会烧完，所以最后会剩下 5 根被风吹灭的蜡烛。

414. 鸭子 22 只，兔子 14 只。

415. 杰本没有将火车的长度考虑在内。火车车头进入隧道到驶出隧道的时间是 30 秒，实际上，火车完全驶出隧道所用的时间是 45 秒。所以炸药只将铁轨炸断了，而对火车车身的伤害却不大。

416. D，第一次将 0.1 毫米厚的纸撕开重叠后会变成 0.2 毫米，由此可见，每次重叠纸的厚度都会成为以前的 2 倍，因此，重复 25 次，即 0.1*2^25=3355.4432 米高，是一座山的高度。

417. 一个妇女带了 40 个鸭蛋，另一个带了 60 个鸭蛋。

418. 8 天生产 32 辆轿车模型。

419. 阿虎 9 岁，爸爸 35 岁。

420. 这个三位数是 504。

421. 5 分钟。因为 5 个人 5 分钟吃完 5 个桃子，这说明一个人吃完一个桃子的时间是 5 分钟，100 个人吃 100 个桃子的时间也就是 5 分钟。

422. 88。

423. 1+100=101、2+99=101、3+98=101、…… 、50+51=101，这样的数一共是 50 个，所以 101×50=5050。

424. 128 种。

425. 33-3=30、5×5 + 5=30、6×6-6=30；22-2=20、4×4+4=20、5×5-5=20。

426. A 有家禽 11 只；B 有家禽 7 只；C 有家禽 21 只。

427. 每个轮胎要行驶 8 千公里。

428. 275 名战士、85 只警犬。

429. 问号处的数字是 27。

430. 64 个李子。

431. 7×（3 + 3÷7）=24

（10×10 － 4）÷4=24

5×（5 － 1÷5）=24

（9×10）÷6 + 9=24

432. 6 块金砖。

433. 设停电时间是 × 小时，根据题意可得：1－×/5=3(1－×/3), 解得 ×=2.5 小时。

434. 24 厘米。

435. 4 小时 24 分钟。解题思路：将他们三人要走的这 40 千米的路想象成一条线段，起点为 A, 终点为 D。我们设计一下走法：用两个分界点将全程分成三段，离 A 近的分界点称作 B，另一个为 C，这样线段 AD 就被分成 AB、BC、CD 三条线段，因为三个人只有两辆自行车，所以整个过程肯定有一个步行的人，现在就设定甲乙丙三人各步行其中一段，又因为甲是步行出发，因此甲步行的路段是 AB，假设乙步行 BC 段，丙步行 CD 段，那就是说乙在骑到 B 处时将车留下，然后步行；丙在骑到 C 处时将自行车留下，然后步行至终点，甲到达 B 后骑车到达终点，乙步行至 C 后骑车到达终点。

436. 100 米。

437. 152 平方厘米。

438. 五边形内角和是 540 度。

439. 最少 4 个盒子。

440. （1）（7）（6）×（9）+（8）（4）×（5）－（3）×（2）=1998

（1）（7）（6）×（9）+（8）（4）×（5）－（3）－（2）=1999

441. 一年 12 个月，12 个月兔子的对数是：1、1、2、3、5、8、13、21、34、55、89、144，那么一年的兔子对数是 376。

442. 当然不正确。小猫只考虑了速度和距离却忘了将时间算进去。兔子只用 10/9 秒的时间就能碰到小猫，然后就可以跑到小猫前面去了。

443. 以前，每个鸡蛋 1/3 块，一个鸭蛋 1/2 块，平均下来为每个（1/3+1/2）/2=5/12 块，混合以后平均价格为 2/5，两天相比差为 5/12－2/5=1/60 块，那么两天 60 个蛋自然少 1 块钱。

444. 25号。

445. 4种，2元（20分）、10+10=20分、10+5+5=20分、5+5+5+5=20分。

446. 需要三架飞机飞行五次。

447. 127颗。1+6+12+18+24+30+36=127。

448. 甲54岁，乙45岁，丙4岁半。

449. 1/11。

第6辑　严谨缜密的逻辑推理游戏

450. 小宝住的村庄最远。

451. 芙蓉镇上只有两个理发师，所以他们两个之间必然要相互理发。而心理学家选的是给对方理出好发型的理发师。

452. 每个秤盘和玛瑙的重量都一样，只要将左边的玛瑙移到右边一个就可以了。

453. 阿罗来自美国，阿特来自英国，阿米来自法国。

454. 火车上没有镜子，所以人们会把对方看做镜子，在这种逻辑的推理下就会做出这样的举动。

455. 有三个人。如果爱爱说的是真话，那美美就没有说真话，反之，如果爱爱说谎了，那美美就是说真话了。按照这样推测，爱爱和美美两个人中一定有一个人在说谎，以此类推，她们五个人之中，应该是有三个人说谎了。

456. 聪明人问的是：你是这个国家的百姓吗？如果回答为“是”，那么是诚实国；如果回答“不是”，则是说谎国。

457. 红红姐妹三个先分别拿一个房间的钥匙，剩下的钥匙这样分配：甲房间里挂乙房间的钥匙；乙房间里挂丙房间的钥匙；丙房间里挂甲房间的钥匙。

458. 小刚。从上面的陈述中可以看出，小亮和小虎必然有一个人在说谎，假如是小虎没有说谎的话，那就是小虎做的，这样就有两个人没有说实话了，和题意不符。所以必然是小虎说的是真话，这样的话，另外三个说的都是假话，因此可以得出，玻璃是小刚打碎的。

459. 一只狗，一只猫，一个芭比娃娃。

460. 甲同学洗菜、乙同学淘米、丙同学烧水、丁同学挑水。

461. 小夏。

462. 一只蚂蚁把沙子搬出凹处放到通道里，然后另一只蚂蚁进入凹处；再让那只蚂蚁将沙子推过凹处然后停下，另一只蚂蚁从凹处出来，沿着通道爬走；最后那只蚂蚁把沙子推回凹处，然后自己离开。

463. 老实人说："今天不是星期一就是星期二。""今天是星期二"这句话在星期一也可以说。

464. 红桃。

465. 龙一可以先取出第三个圆环，然后把它们分成 1 个，2 个和 4 个三个组。在他领取的时候，第一周可以领取 1 个；第二周的时候领取 2 个，然后还回第一周领取的那 1 个；第三周的时候再领取 1 个；等到第四周的时候领取 4 个，还回前三周一共领取的 3 个；等到第五周的时候领取 1 个；第六周的时候领取 2 个，还回第五周领取的 1 个；等到第七周的时候领取 1 个。这样龙一就能在节约分割费的情况下，领取到全部的金圆环了。

466. 点点是英语课代表，依依是语文课代表，霍霍是数学课代表。

467. 假设盘子四个分别是 A、B、C、D。1. 从 A、B 两盘中各自取出一根骨头放到 C 盘中；2. 从 A、C 两盘中各取出一根骨头放到 B 盘中；3. 从 A、C 两盘中分别取出一根骨头放到 D 盘中；4. 从 B、D 两盘中分别取出一根骨头放到 A 盘中；5. 把 B、D 两盘中各剩下的一根骨头都放到 A 盘中。

468. 周一。

469. 谁第一个拿硬币谁就会输。

470. 此牌子是 A 立的。因为如果是 B 立的，他会说真话，这样牌子上的话就成了一句谎话，那么两者就相互矛盾了。同样的道理，也不会是 C、D 所立的，因为如果是它们两个立的，那牌子上的话就成了真话，而它们两人是从来不说真话的，因此可以推出牌子是 A 立的。

471. 第四名是秋兰，第三名是丽华，第二名是邹文，第一名是吴飞。

472. 鼓鼓是会魔法的年轻人，鼓鼓和弯弯系着魔法围巾，诚诚和鼓鼓带着魔法发卡。

473. 从左边数第五个是和门铃相通的按钮。六个按钮自左向右依次是 D、E、C、A、F、B。

474. 政治和音乐是孔老师教，英语和化学是曹老师教，语文和美术是金老师教。

475. 老大是小四。

476. 兔子会赢得比赛。

477. 十中的成绩是三胜一败。

478. 局长说的是："预测机下一个预测结果红灯会闪烁。"如果红灯闪烁，表示预测的事不会发生，可事实是红灯的确在闪烁；如果绿灯闪烁，表示预测的事会发生，这也是不正确的，而真实情况是绿灯闪烁而不是红灯闪烁。照这样就能说明预测机所预测的事情是不准确的。

479. 莎莎喜欢阿杰。

480. 5 枚硬币是 5 分的。

481. 商场与原价相比，实际上赔了钱。

482. 甲、乙、戊、丁、丙。

483. 奶奶的左边依次是孙子、孙女、儿子、儿媳。

484. 晓白穿的是晓宿的上衣，自己的裤子；晓梦穿的是自己的上衣，小吉的裤子；晓宿穿的是小吉的上衣，晓梦的裤子；小吉穿的是晓白的上衣，晓梦的裤子。

485. D 的姐姐是甲，B 的姐姐是乙，A 的姐姐是丙，C 的姐姐是丁。

486. 如果你选每天只走准一次的钟表，但是不能确定它哪个时刻是准的，而且这个钟表可能是出了故障，因此就停在了那个时刻。而如果我们选一天只慢一分钟时钟，假如按照一天慢一分来算，那两年内要走慢十二小时（720 分）后才能走到最初的时间，所以它是两年内只准一次。由此来看，应该哪个都不选，重新买一个。

487. 第一个魔球粉色，第二个魔球褐色，第三个魔球白色，第四个魔球茶色，第五个魔球紫色。

488.

	物理	生物	化学
小妖	C	B	C
小综	C	A	B
小银	C	A	A
小匀	A	A	B

489. 司机是阿方。

490. 至少有两个天使。

491. 四个男生，三个女生。

492. 受害人是小梁。

493. 皮皮是第一名。

494. 红帽子的狗是群群家的小朵；绿帽子的狗是德德家的小汪；蓝帽子的狗是德德家的小米；粉帽子的狗是群群家的小一。

495. 这套游戏光盘 10 元，哥哥有 9 元 5 角，弟弟没有钱。

496. 小文是 1、9，小乐是 4、5，小桥是 3、8，小香是 2、6，剩下的一张牌是 7。

497. 吴大兵、周二兵、郑三兵、王四兵。

498. 能，星期五。

499. 松松是唯一的女性。

500. 饭店。

501. 甲瓶子是牛奶，乙瓶子是红酒，丙瓶子是咖啡，丁瓶子是香槟。

502. 108 和 36。

503. 甲是工人，乙是业务员，丙是老师，丁是警察，戊是律师。

504. 小初忘了锁门。

505. 尹先生喜欢羽毛球，谢先生喜欢网球，丁小姐喜欢乒乓球，韩小姐喜欢瑜伽。

506. 第二个箱子里有珠宝。

507. 有七人。

508. 4 种。

509. 假设两个人是甲乙。指着其中一条路问甲："如果是乙，他会回答是这条路吗？这样的话，如果对方的回答是肯定的，那另外一条路就是对的。如果对方回答是否定的，那么所指的那条路就是正确的。

510. 何老师黄色五朵，白色一朵，红色一朵，粉色一朵；白老师黄色两朵，白色三朵，红色两朵，粉色一朵；安老师黄色一朵，白色三朵，红色三朵，粉色一朵；夏老师黄色一朵，白色两朵，红色一朵，粉色四朵；童老师黄色一朵，白色一朵，红色三朵，粉色三朵。

511. 两个盘子四种方法，三个盘子九种方法。

512. 第一个是丁说的，第二个是乙说的，第三个是戊说的，第四个是丙说的。乙和丙是兄弟；甲是乙的媳妇；戊是甲的爸爸；丁是丙的儿子或女儿。

513. 两人在一月十七日第一次在咖啡厅相遇。

514. 小冰和小丁涨了工资。

515. 丙纸箱里有葡萄。

516. 这种说法是错误的。炮弹落到任何地方的几率都是一样的，新落的炮弹不会受到之前落的炮弹的影响。

517. 假设两人有一人拿的是白色乒乓球，在分配完后他就很快可以说出对方的乒乓球是黄色的。但是开始的时候没有人说话，所以乙可以判定甲的乒乓球是黄色的。

518. 任先生对国家没有贡献。

519. 小红在一层买了一条裤子，小强在三层买了一双鞋子，小明在二层买了果冻，小丽在四层买了一个足球。

520. 第一位医生戴上两双手套，外层的那双手套接触长官；第二位医生戴上外层的那双手套；第三位医生将内层的手套翻过来戴在手上，然后再套上外层的那双手套。